JN437623

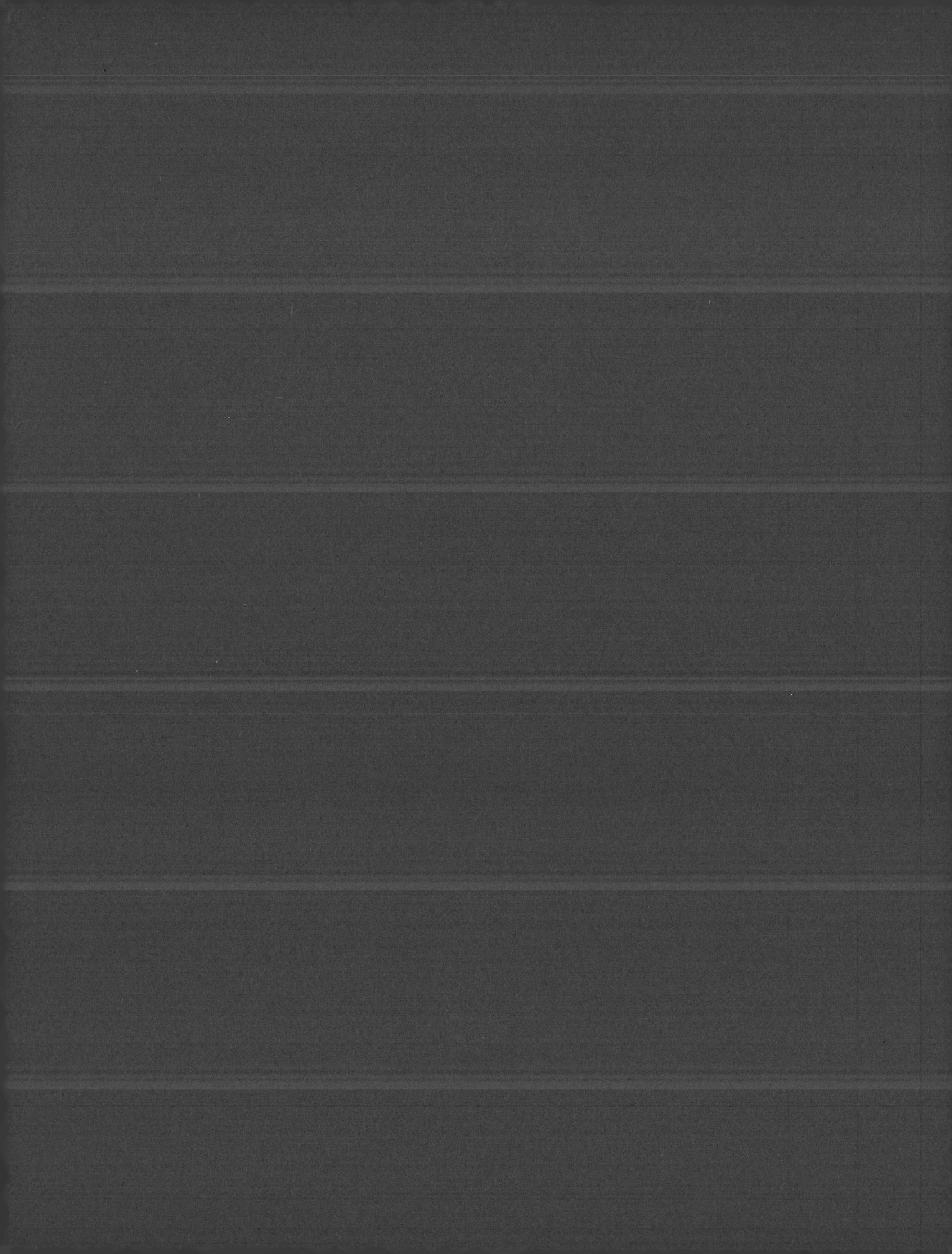

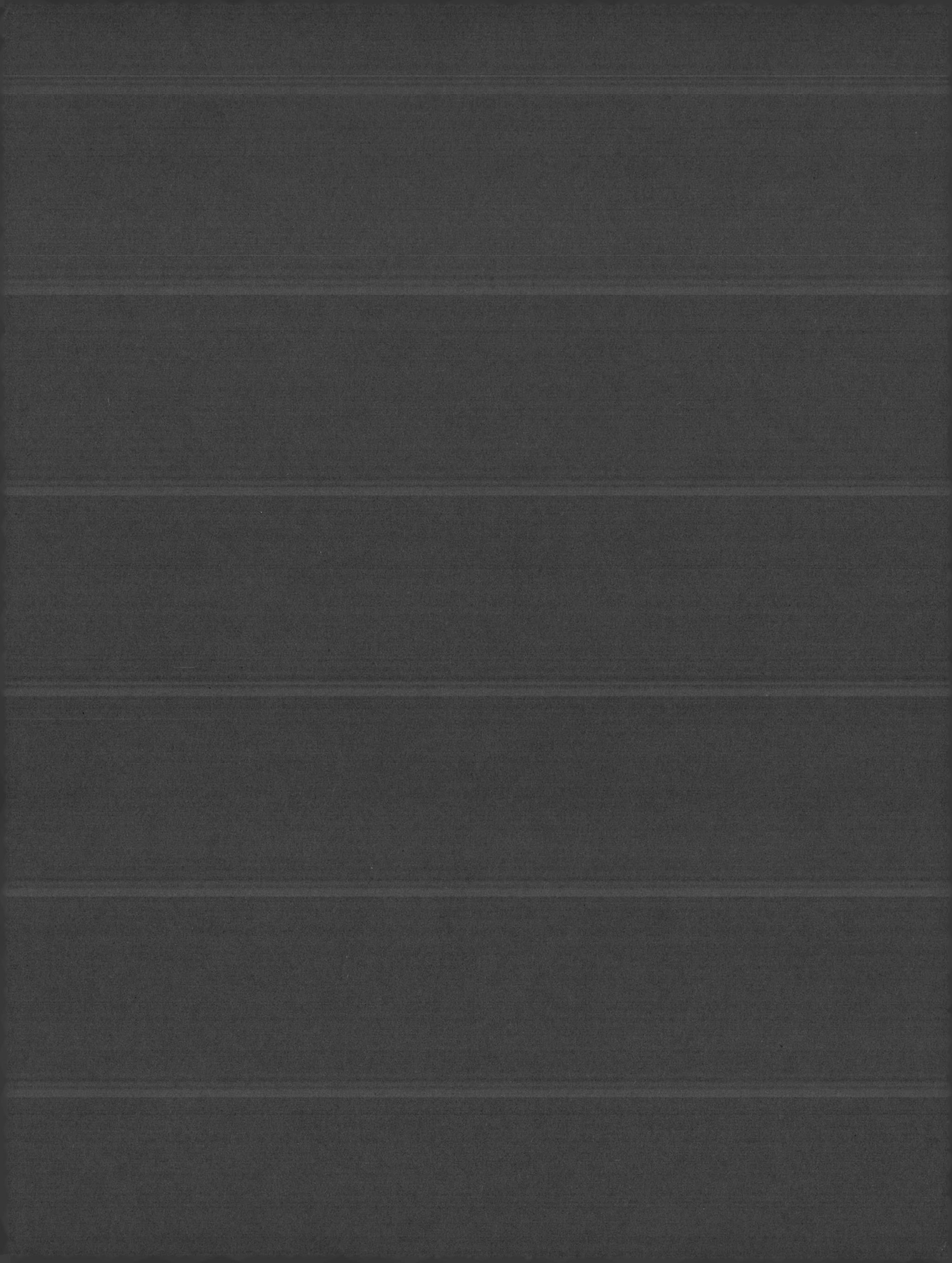

우리의 친구 스코필드

우리의 친구 스코필드

제작 KIATS 그림 이한나

KIATS

발행사

예수님께서는 '천국은 마치 여자가 가루 서 말 속에 넣은 누룩 같다'고 하셨다. 아주 적은 양의 누룩이 가루 서 말을 완전히 변화시키는 것처럼 하나님의 통치를 받아 순종하는 천국 백성을 통해 세상을 새롭게 하는 것이 하나님의 뜻이다. 한국의 초대 교회 성도들은 그 숫자는 미미했지만 누룩처럼 세상을 새롭게 했고, 이 땅의 교육, 문화, 복지, 의료, 독립 운동의 한 복판에 서 있었다. 천황 숭배를 강요하는 일본의 압제를 거부하고, 대한독립만세를 외쳤던 3·1 운동에 교회가 주도적으로 참여한 건 어쩌면 당연한 일이었다.

화성 지역의 교회들은 3·1 운동의 선두에 서서 만세를 불렀고 그 결과 일제로부터 엄청난 박해를 받아야 했다. 제암교회를 비롯해 수촌교회, 사강교회가 불에 탔고, 수많은 그리스도인이 잡혀가거나 목숨을 잃었다.

스코필드는 바로 이 엄청난 항거를 전 세계에 알렸다. 일본의 방해를 뚫고 현장의 목소리를 사진에 담아 전 세계에 알림으로써 한국민은 살아 있다는 것과 일제의 악행을 온 세계가 알게 되었다.

이제 이 시대의 화성시 교회들이 역사 속에 묻혀 있는 스코필드를 세상에 알리려 한다. 어떻게 하면 스코필드를 더 쉽게 많은 사람에게 알릴 수 있을까 고민하다가 만화책으로 스코필드를 전달하려는 계획을 하게 되었다. 그렇게 함으로써 스코필드와 함께 그가 알리고 싶어 했던 우리 선배들의 이야기를 다시 우리 가슴에 담으려 한다. 그래서 오늘날의 교회들도 누룩과 같이 세상을 아름답게 변화시키는 귀한 일에 쓰임 받기를 간절히 소망한다.

화성시기독교총연합회 회장 이규현 목사

인사의 글

화성은 백두대간을 등에 업고, 수도권과 서해안을 움켜쥐고 있는 대한민국의 중심 지역이다. 이러한 화성에는 선조들이 남긴 자랑스러운 유산을 간직하고 있는데, 그 중 최고의 유산으로 꼽을 수 있는 것이 3·1 운동이다.

화성의 3·1 운동은 서울 3·1 운동을 참여하고 온 우정면, 장안면, 향남면 등의 기독교 및 천도교 교인들이 주도하였다. 송산면 사강리에서 시작된 3·1 운동은 봉화 시위와 발안 장터시위로 이어졌다. 최대 2천여 명이 참여한 대규모 독립만세운동은 그 후 일제의 보복성 학살 사건으로 끝이 났다. 일제는 수촌리, 제암리를 비롯한 마을 가옥을 방화했으며, 서신교회, 수촌교회, 제암교회 등 여러 교회까지 불살랐다.

화성 지역의 학살 사건 소식을 들은 캐나다 선교사 스코필드는 일제의 감시망을 뚫고 제암리, 수촌리를 방문하여, 주민들을 위로하고, 현장을 사진 찍어 세계에 알렸다.

그런데 안타까운 사실은 화성 선조들의 최고 유산인 3·1 운동을 후손들이 제대로 알고, 계승할 수 있을 지 의문이라는 점이다. 특히 우리는 3·1 운동 당시 교회와 성도, 선교사들의 희생과 헌신을 잘 알지 못한다. 이는 일반인들이 손쉽게 접할 3·1 운동 자료가 부족하기 때문이다.

이에 화성시기독교총연합회에서는 3·1 운동사업단을 조직해 선조들의 자랑스런 유산을 발굴하여, 알리고자 한다. 그 첫 번째로 스코필드 작품집(선집과 만화책)을 출간하게 되었다. 이 책을 통해 많은 사람들이 화성 3·1 운동을 제대로 알고, 그 안에 담긴 선조들의 국가와 민족을 위한 헌신과 희생 정신을 본받아 이어가길 기대해 본다.

화성시기독교총연합회 3·1운동기념사업단 단장 이명식 목사

목차

2008년 Historic Sites & Monuments Board of Canada의 심사를 통과해 토론토에 스코필드의 동상이 세워졌다.
석호필
Frank W. Schofield.

1장

한국 땅에 묻히리라

인생에는 두 길이 있다.

그것은 염려의 길과 기도의 길이다.

염려의 길은

스트레스를 받으며 힘을 얻고

상식을 인도자로 삼으며

행로의 불측과 두려움을 동반자로 삼는다.

기도의 길은

사랑으로 힘을 얻고

하나님을 인도자로 삼으며

진리를 따라가고

신의 평화를 무적의 수호자로 삼는다.

〈스코필드의 좌우명〉

스코필드 박사영결식
1970년 4월 16일, 2시 서울 남대문교회에서
스코필드 박사의 사회장이 있었다.

박정희
대통령
세브란스
의학 전문 학교
서울 대학교
수의과 대학

할아부지
하나님 품에서
편히 쉬세요.
할아버지..
보고싶을거에요.

우선, 정일권 총리의
조사가 있겠습니다.
스코필드 박사는
민족대표 제34인으로서
한국인보다 한국인을
더 사랑한 사람이었습니다.
초동교회 조향록 목사의 집례로
프랭크 스코필드 박사의 추도 예배가 시작되었다.

찰칵!
1919년 3·1 운동을
사진으로 찍어
세계 언론에 알리신
스코필드 박사님…
ベーカリー
빵

당신은 한국의 스승이었으며 보호자였으며
세계 열강에 우리 한국의 대변인이었습니다.
…참으로 감사하옵니다.
조병화 시인이 조시를 천천히 읽어 나갔다.

화성지역의 학살 사건을 직접 조사하고
보고서를 작성해 전세계에 알리신 업적을
잊지 않겠습니다.
REPOR
BY THE JA
Suppressing the
Nationalists."
Investigated by
Dr. Frank W. Schofield.
April. 1919.
CANADA
THE
PORT OF
Korea

♬♪
터지자
밀물같은
대한독립
만세
♬♪

정신여고
합창단의
<3·1절 노래>에
이어, 박사님께서
생전에 돌보신
유린보육원생과
명휘원생의
합창이
있겠습니다.
♬♪보일듯이 보일듯이 보이지 않는
따옥따옥 따옥소리 처량한 소리♬♪

1889년 영국에서 태어난 스코필드는 1907년 캐나다로 홀로 이민을 떠났다.

혼자 힘으로 생활비와 학비를 벌어
온타리오 토론토대학교 수의과대학과 대학원을
졸업하고 모교 세균학 교수로 재직하였다.

1916년 11월 세브란스 의학전문학교 교장
에비슨의 요청으로 한국에서의
의료 선교사역을 시작하였다.

스코필드는 3·1 운동을 세계 언론에 알린 것이
문제가 되어 1920년 4월에 캐나다로 돌아갔다.
스코필드 박사님이
캐나다로 가셔야만
하다니...
Bye~

한국이라는
나라에 대해
들어보셨습니까?
스코필드는 캐나다와 미국에서 3·1 운동을
맘껏 알리며, 모교 교수로 복귀했다.

수의학 연구에 매진한 박사는
세계적인 수의학자로 명성을 떨쳤다.

장례식장에 온 양아들 이영소와 민족대표 33인 이갑성
학자로서
열정이 대단한
인격자
셨는데..
3·1 운동 촬영을
부탁했을 때도 당신이
더 영광이라고 하시던 분이었지...

1958년 한국을 다시 찾은 박사는
서울대 수의과대학 교수로 재직했다.
스코필드는 강의뿐만 아니라 성경 공부반을 조직해
학생들에게 성경을 가르쳤다.
BIBLE

자유·정의·진리
東亞日報
1960. 4. 28
의·용기·자유의승리
한국일보
1962.3.2
43년, 그날과 오늘
중앙일보
1969.3.1
3·1운동은 한국정신의
또한 스코필드는 한국 사회에 큰 사건이 있을 때마다 쓴 소리를 아끼지 않았다.

한국 정부는 한국과 한국 사람들을 위한 그의 애정에 감사하며, 문화훈장과 건국훈장을 수여했다.
건국 훈장
문화 훈장

2관왕 달성!

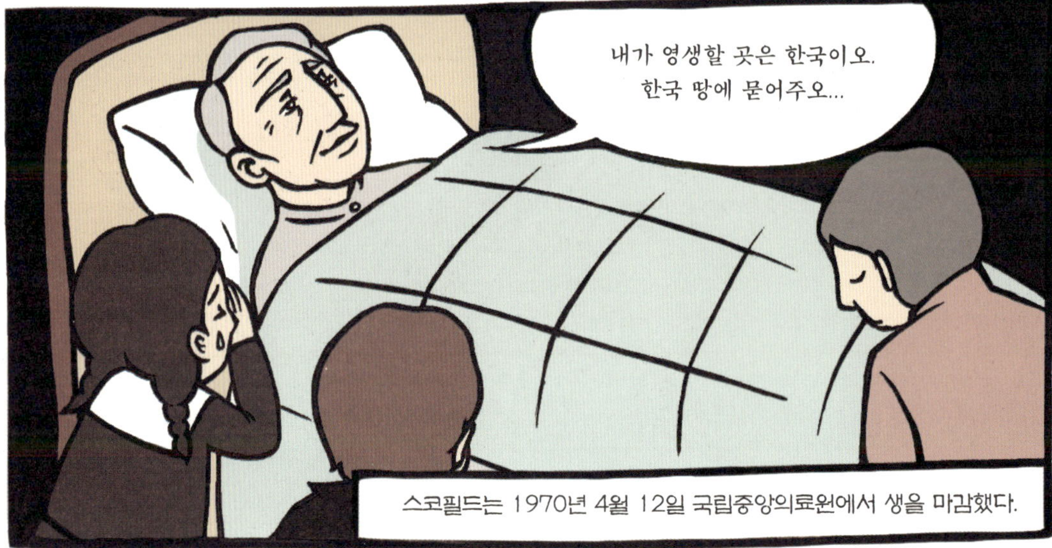
내가 영생할 곳은 한국이오. 한국 땅에 묻어주오...
스코필드는 1970년 4월 12일 국립중앙의료원에서 생을 마감했다.

스코필드 박사를 간호했던 태신자가 마지막으로 헌화를 했다.
하늘나라에서도 한국 사람을 위해 전도하신다더니... 그때가 왔네요 박사님!!
♬♪ 하늘가는 밝은 길이 내 앞에 있으니 슬픈 일을 많이 보고 늘 고생하여도 ♬♪
마지막으로 찬송을 부르며, 박사님을 하나님 품으로 보내 드리겠습니다.

아버지.. 흑흑..
♬♪ 하늘 영광 밝음이 어둔 그늘 헤치니 예수공로 의지하여 항상 빛을 보도다 ♬♪
근 스코필드박사 사회장 영결식 조

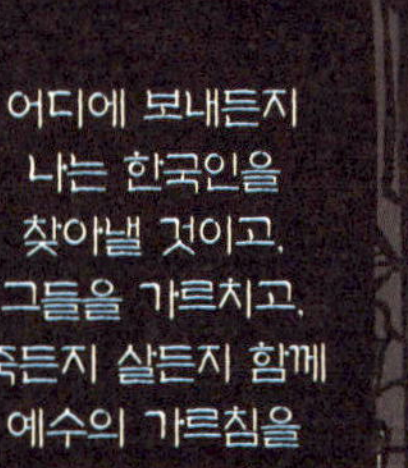
어디에 보내든지 나는 한국인을 찾아낼 것이고, 그들을 가르치고, 죽든지 살든지 함께 예수의 가르침을 좇을 것이다.
- 스코필드

애국지사 프랑크 W 스코필드 의 묘
스코필드는 외국인으로는 처음으로 국립 서울 현충원 애국지사 묘역에 안장되었다.

2008년 Historic Sites & Monuments Board of Canada의 심사를 통과해 토론토에 스코필드의 동상이 세워졌다.
석호필
Frank W. Schofield.

2장

한국 의료선교사 석호필

인생의 영광이란,

사랑하는 것이요, 사랑을 받는 것이 아니며,

주는 것이요, 받는 것이 아니며,

봉사하는 것이요, 봉사 받는 것이 아니다.

남이 궁지에 빠졌을 때 어둠 속의 힘센 벗이 되고,

위기에 선 약한 마음에 다소나마 힘이 되어주는 것,

이것이 인생의 영광을 아는 것이다.

〈동아일보〉 1960년 3월 3일

프랭크 윌리엄 스코필드는
1889년 3월 15일 영국 럭비시에서 태어났다.

England
Rugby

스코필드 아버지는 선생님이었다.

스코필드 어머니는 그가 태어난 지 며칠 후
병으로 세상을 떠났다.

스코필드는 더비셔(Derbyshire) 주의 아름다운
마을 베슬로(Baslow)에서 어린 시절을 보냈다.

우와~
멀리까지
보이는데..!!
와아~~

자전거 타기를 좋아했던 스코필드는
자전거가 갖고 싶어 아버지를 졸라댔다.
아버지를 기쁘게 해드리면 분명 자전거를 사주실거야.

조심히 타야한다!
넵, 감사합니다. 헤헤~
어느날 아버지가 스코필드가 갖고 싶어하던
자전거를 사오셨다.

야호~!! 난 이제 어디든 갈 수 있어!!

1897년 여름, 어느 날 저녁
나가 보렴...
똑 똑
누구지??

문 밖에는 낯선 동양인이 서 있었다.
엇!

이날 방문한 동양인은 스코필드 아버지의 제자인
한국인 유학생 여병현이었다.
선생님,
아드님인가요?
아홉 살짜리
장난꾸러기
막내 아들이라네.

학교에서
한국이라는
나라를
들어보았니?
아니오.

그럼 중국은 들어봤니?
한국은 중국 동쪽에 있는
작은 나라란다.

그럼
아저씨는
한국에서
오셨나요?
그렇단다.
공부하러
이곳에
왔단다.
아저씨
이름은 뭐에요?
한국에는 학교가 없나요??

내 이름은
여병현
이란다.
성이 여
이름이
병현이지.
한국에는 아직 학교가 많지 않아
이곳까지 공부하러 왔단다.
?!
KOREA
여-병-현?
중국의 동쪽?
한-국 ?
스코필드는 이날 처음으로
한국이라는 나라를 알게 되었다.

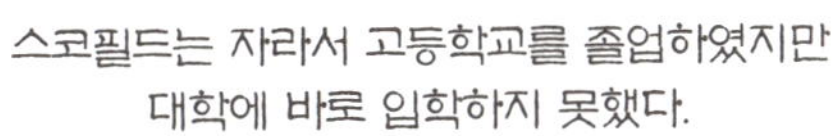
스코필드는 자라서 고등학교를 졸업하였지만
대학에 바로 입학하지 못했다.

스코필드,
이제 무엇을
할 생각이니?

아버지...
아직...
결정하지 못했습니다.

누나나 형처럼
장학금을 받으면
좋으련만...
난 네가
대학에 입학하여
학자의 길을 걷길
바란단다.

제 힘으로
열심히
해보겠습니다!!

하나님...
제게 힘을 주세요...
스코필드는 런던에서 250km쯤 떨어진
체셔(Cheshire) 주에 있는 농장에서 일하게 되었다.

그러던 어느 날, 농장에서 함께 일하는
노동자들의 대화를 듣게 되었다.
젊은 친구! 여긴 희망이 없어.
더 늦기 전에
다른 일을 해.
죽도록
일하면
뭐하나...
매달
적자야
적자!!
노동 착취일세...
이렇게
살 수는 없지!!

스코필드는
어떤 삶을 살지
고민하기
시작했다.
자유 속에 정열이 넘치는 삶!!!
어려운 사람을
도울 수 있는
능력있는 사람!!
그래! 결심했어!
캐나다로 가서
새로운 삶을
개척해
보는 거야!!
하나님이
동행해
주실거야!!
아버지
캐나다로
떠나겠습니다.
아버지...
그래, 그곳에서
네 꿈을 맘껏
펼쳐 보아라...

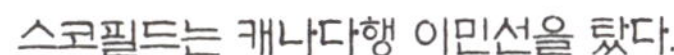

어느 날 농장에 있는 말이 병이 났다.
병든 말을 치료하기 위해 수의사가 왔다.

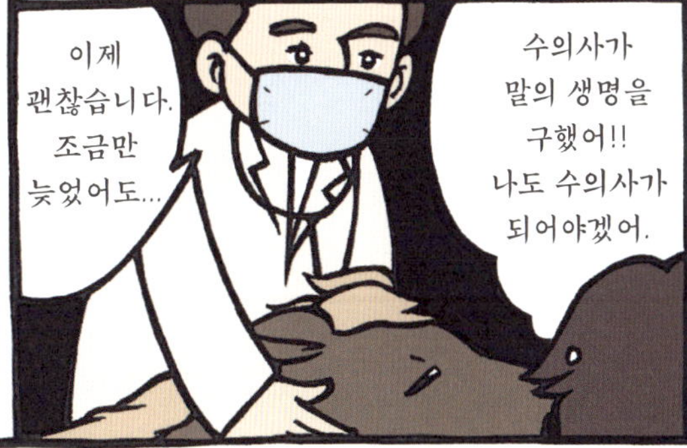

수의사가 되기로 마음 먹은 스코필드는 힘들고 어려운 상황에서 열심히 공부했다.

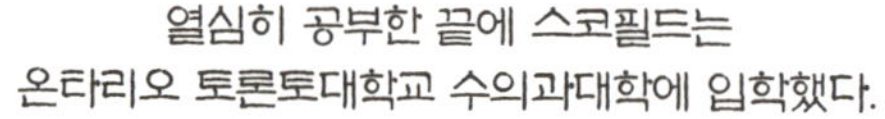

대학에 입학한 스코필드는 일을 하면서
밤을 새워 공부했다.

그러던 어느 날,
스코필드는 지하 방에서 몹시 앓았다.

며칠을 앓고 난 스코필드는…

결국 스코필드의 팔과 다리는
마비증상을 보였다.
그의 나이 스물 하나였다.

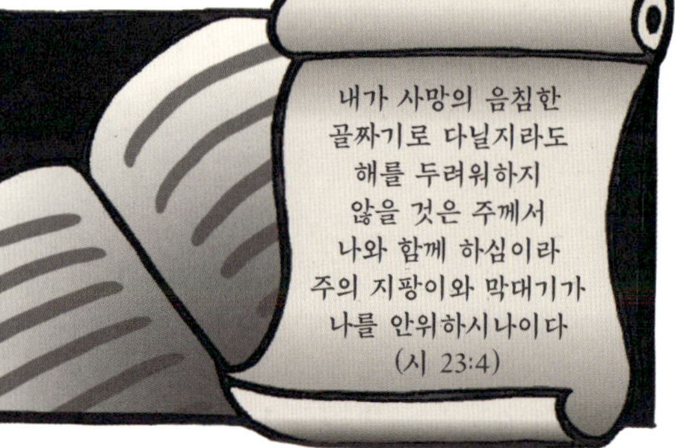

스코필드는 이때부터 지팡이를 짚고 다녔지만,
주의 말씀으로 힘을 얻어 전보다 더욱 열심히 살았다.
발이 하나 더 생겼으니 남들보다 더욱더 화이팅!!!
불끈

Science .... A+
Literature .... A+
istory .... A+
riting .... A+
.... A+
WOW~~ 난 정말 못하는 게 없어!!

대학 졸업 후 스코필드는 박사학위를 받게 되었다.
이제 어렵고, 힘든 사람들을 돕고 살아야지!!

스코필드는 피아노를 전공한
앨리스(Alice)와 결혼을 하였다.

스코필드는 승승장구하며 모교 세균학 강사가 되었다.
세균의 종류

1914년 제1차 세계대전 발발
주위의 친구들이 전쟁터에 나가는 모습을 본 스코필드는 인류와 국가를 위한 삶을 결심했다.

어느 날 스코필드는 한국 세브란스 의학전문학교 교장이며, 토론토대학에서 교편을 잡았던 에비슨에게 한통의 편지를 받았다.
안녕하십니까? 저는 서울 세브란스 의학전문학교를 운영하는 에비슨입니다. 이 학교에 세균학교수가 없어 박사님께 도움을 요청합니다. 박사님께서 한국을 위해 애써주실 것을 믿습니다.

Artic Ocean
한국이라면…
여병현이란 아버지 제자가 사는… 내가 잘할 수 있을까?

결심했어!! 어려운 사람을 돕는 삶을 살 때가 되었군.
Go! Go! 한국으로!!

1916년 11월, 스코필드는 아내와 함께 부산항을 거쳐, 서울역에 도착했다.
내 육의 아버지는 학자가 되길 원하셨지만,
난 하늘 아버지의 뜻을 좇겠어!

서울역에는 에비슨과 세브란스 의학전문학교 직원 몇 명이 나와 있었다.
이렇게 환영해주시다니 감사합니다.
약속대로 오셨군요. 앞으로 고생길이 훤합니다~ 하하

스코필드는 한국에 도착하자마자
한국어 선생님 목원홍을 만나
한국어 공부부터 시작했다.

스코필드는 한국역사에도 관심을 가졌다.
당시 한국은 1910년 일제에 강제로
병합되어 고통에 신음하고 있었다.

한국이 처한 상황을 자세히 안 스코필드는 자신이 가르치는 학생들에게 민족과 나라를 위해 정직한 삶을 살라고 당부했다.
정직... 바를정正 곧을직直 옳은 일이라...
이 나라의 보배는 여러분입니다. 나라를 소중히 여기고, 민족을 사랑할 줄 아는
사람이 되어야 합니다. 정직!! 중요합니다. 젊은이들은 정직하게 옳은 일을 해야 합니다.

욥기 8장 6절을 보면, "청결하고 정직하면 반드시 너를 돌보시고 네 의로운 처소를 평안하게 하실 것이라" 하였지요.
젊은이들과 이야기하는 것을 좋아했던 스코필드는 영어성경반을 만들었다.

주여...한국의 젊은 청년들이 정직한 삶을 살 수 있도록 축복하소서. 국가와 민족을 위해 옳은 일을 할 수 있기를...
아멘!!
아멘!!

스코필드는 국가와 이웃을 사랑하는 한국인을 존경했고, 그러한 사람을 만나면 순식간에 친한 사이가 되었다.
이 나라와 민족을 위해 여러분 지금 무엇을 하고 계십니까??

캐나다 선교사 양반 한국에 와서 고생이 많구려.
이상재 형님.. 이 나라 독립을 위해 독립협회를 이끄셨다니 형님으로 뫼시겠습니다.

이상재가
누구지??
<1850-1927 이상재>
월남 이상재 선생(1850-1927)은
독립협회를 조직하였고,
헤이그 만국평화회의에 밀사파견을 도왔으며
개혁당 사건으로 감옥에 복역 중 기독교 신자가 되었단다.

김정혜
여사가
전 재산을 털어
학교를 세웠
다지.
7명으로
시작했는데
5개월만에
100명이
모였다
는군.
김정혜 여사를
양어머니로~
어머나~
어머니~
넙
죽

스코필드는 3·1 운동 당시 민족지도자였던
이갑성과도 친밀하게 지냈다.
비록 지금은
힘이 없지만....
기어코 독립하리라!!
와우~
멋져부려~
우리
호형호제
합시다!!

찰칵
찰칵

3장

3·1 독립운동과 스코필드

한국인은 3·1 운동과 같은 정신적 운동을 언제나 전개해야 할 것으로 생각한다.
내가 모든 친지들의 만류를 무릅쓰고 한국에 온 것은
이러한 운동의 영원한 지지자가 되고 싶었기 때문이다.
우리의 운동은 참음과 사랑과 자비를 토대로 언제나 계속돼야 한다.

- '3·1 운동은 한국 정신의 상징' 중에서
〈중앙일보〉 1969년 3월 1일

미국이나 민주주의 국가들이 우리를 도와주리라 믿습니다.

독립을 요구하는 시위만으로 일본으로부터 독립을 얻을 수 있다고 생각하나?

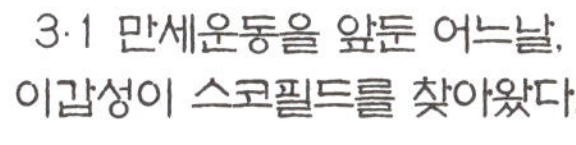
3·1 만세운동을 앞둔 어느날,
이갑성이 스코필드를 찾아왔다.

어서 오게나~ 친구!!
오늘은 내 생애 가장 기쁜 날이네!

3월 1일 오후 2시에 탑골공원에서 한국의 독립을 선포하는 만세운동이 있을 것이오. 자네가 사진촬영을 하여 해외에 알려주었음 하오.
"이 작은 민족이 오만한 일본제국에 도전해 과연 성공할 수 있을까?"
스코필드는 한국인을 위해 일할 때가 왔음을 느꼈다.

좋소. 내가 하겠소!!

이 위대한 도전에 참여하는 내가 영광이요~
용감한 사나이, 당신은 우리의 진정한 친구요!!

1919년 3월 1일 오후 2시 탑골공원
이 엄청난 인파....
대단하군...
탑골공원을 나온 스코필드는
만세 행렬을 따라 덕수궁으로 향했다.
이렇게 독립의
의지가 강하다니!!
大漢門
대한독립 만세
만세
만세
찰칵
한 장면도
놓칠 수
없지!!
우리의 독립이
온 천하에
울려 퍼지게
외칩시다!!
옳소~
일본, 이 도둑들을
몰아냅시다!!

갑자기 헌병과 기마경찰대가
만세 부르는 사람들을 가로막았다.

그들은 맨주먹에 태극기만 든 사람들을 향해
군도와 경찰도를 휘둘렀다.

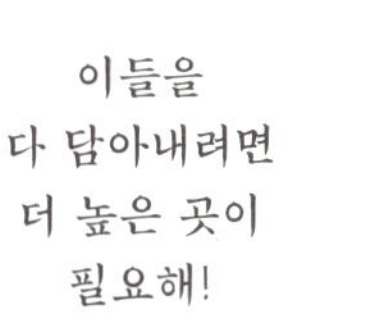

두리번거리던 스코필드는 일본인 상가 2층 창문이 열린 곳으로 향했다.

썩 나가지
못해!!
누님, 누님!
이 사람
도둑 아닙니다.

ベーカリー
빵
휴우~
도둑
아니라니까,
저 누님 참…
사람 볼 줄
모르네.

같은 시각 인사동 태화관에는 민족대표 33인 중 29인이 모여 독립선언문을 발표하였다.
양심이
우리와 함께 있고
진리가 우리와 더불어
전진하나니 음침한
옛 집에서 뛰쳐나와
즐거운 부활을
이룩하게 되누나.

우리는 이에 우리 조선이
독립한 나라임과
조선 사람이
자주적인 민족임을
선언하노라!
서울
전국 각지에서 고종의 장례식을 보러 온 사람들은 고향으로 흩어져
서울에서 일어난 독립만세운동을 전했고, 이는 전국으로 퍼져나갔다.

고종의 장례식 이후에도 만세운동은 계속됐다.

3월 5일 아침, 서울 시내의 학생들이 중심이 된 만세운동이 서울역에서 남대문으로 이어졌다.

학교에 있던 스코필드는 "대한독립만세" 소리에 학교 정문으로 나왔다.
3·1 운동 이후 서울 거리에는 경찰에 잡혀가는 학생들을 쉽게 볼 수 있었다.

얼마 후, 스코필드는 수원 남쪽에 위치한 제암리의 학살 소식을 듣는다.
일본군인들이 제암교회에 주민들을 가두고, 불을 냈다는군!
끔찍한 일이야. 도망치는 사람들은 총살했다지!
서울에 이어 그곳에서도 만세운동이… 근데 학살이라니??

학살이라고..? 내 눈으로 직접 확인해야겠어!
서울 → 수원

수원역에 내려 제암리로 향한 스코필드는 일본군을 발견하고, 길을 돌아 마을로 갔다.
제암리

이럴수가!!

마을에 무슨 일이
일어났었나요?
나는 모르오!!

마을 안에는 사건을 조사 나온 일본 관리가 한국 관리와 있었다.
스코필드는 그들 무리 중 한 명과 이야기를 나누었다.
한 주민이
집집마다
불을 질렀다고
둘러댑시다!!

사진 몇 장
찍어도 될까요??
그렇게
하시오.

인간으로서 어떻게 이런 야만적인 짓을!!

스코필드는 조사 나온 정부 관리가 떠난 후에야, 주민들에게 학살사건에 대해 들을 수 있었다.

1919년 4월 15일 오후, 제암리에 들어온 일본 군인들은 기독교와 천도교인을 교회에 모아 놓고, 불을 질렀다. 일본군인들은 탈출하려는 사람을 총살했고 마을 곳곳에 불을 지른 후 떠났다. 이 사건으로 남성 21명과 여성 2명이 목숨을 잃었다.

수촌리에서
일어난 일이
우리마을에도
일어나다니...
왜... 흑흑...

수촌리
에서도요??
거긴 열흘 전에
그랬지요.

그 마을도
들렀다 가야겠군!!
스코필드는 마을 사람들을 위로하고, 마을을 나왔다.
그의 발걸음은 무거웠다.

주여...
죄 없이 죽은 사람들이
주의 품에 있길
원하옵고 바라옵니다.
애통해 하는 사람들의 마음을
헤아려 주시기를...

스코필드는 수촌리 마을 입구에서 그를
선교사로 먼저 알아본 여인을 만났다.

수촌리에 들어온 군인들은
가옥에 불을 내고, 주민들을 학살했다.

스코필드는 환자들이
모여 있는 가옥에 도착했다.

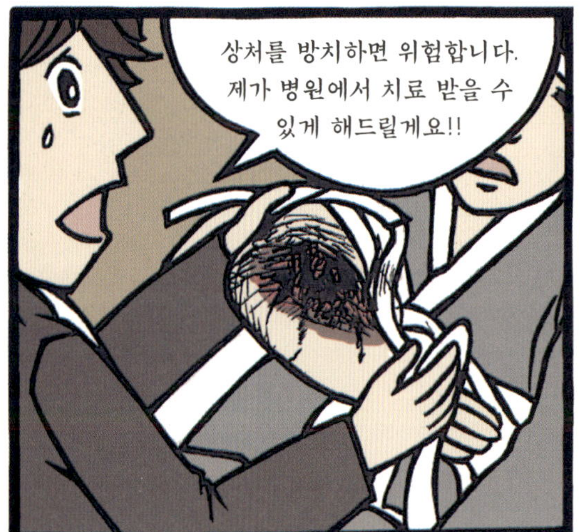

스코필드는 수촌리 주민을 위로하고, 마을을 나왔다.
스코필드는 제암리를 다시 들렀다가 서울로 향했다.

서울행 기차 안

어디서 본듯한데...
아... 저자가
한국을 팔아먹은
이완용이 틀림없군!

나는
이완용이오.
저는
서울에 와 있는
캐나다 선교사
스코필드입니다.
선교사 양반.
내가 예수를 믿으려면
어떻게 하면 되오?

선생님의 경우는...
이천만 국민 앞에
진심으로 사과한 후에야
하나님을 믿을 수 있습니다.

스코필드의 편지는 <서울프레스>에
"외국인들은 뿌리 깊게 우리를 의심하고 있다."라는
제목으로 실렸다.

서울프레스 편집책임자에게

귀지에 실린 '서대문요양소 혹은
서대문기술학교' 기사에 감사의 뜻을 표합니다.
나는 감옥에서 나온 한 청년에게
서대문요양소를 얘기하며,
좋지 않았냐 물으니...그 청년은
살이 찢어지도록 고문당한 이야기만 하더군요.
아마 그 청년이 간 곳은 그 근처
다른 곳인듯 합니다...

일본 당국은 스코필드의 의심을 잠재우기 위해
형무소 방문을 허락했다.

서대문형무소가
직업훈련소라는데
내가 감방을 봐야
확인할 수 있는 거 아니오!

고집이 이만저만이
아니시군.
노순경 방으로
안내해드려!

스코필드는
<여자감방 8호실>을 방문했다.

여자감방 8호실
현재원 출정
5
8

노순경은 수감자 한명 한명을 소개하기 시작했다.
이분은
세브란스
의학전문학교의
스코필드
박사님이십니다.
수고하십니다.
저는 서대문형무소에 심한 고문이나
학대는 없는지 확인하러 왔습니다.
저는 여러분편입니다.

이 분은
누구신가?
이 학생은
천안 출신으로
이화학당에 다니는
유관순입니다.

유관순입니다.
유관순
(1902-1920)
서울 3·1 운동참여,
천안 아우내 장터 3·1 운동 주도.
자네가
천안 아우내장터에서
만세운동을 주도했다는
학생이군... 어린 나이에
수고가 많네...
柳寬順

어윤희
(1877-1961)
독립운동가이자, 여성운동가. 민족 독립을 강조한
전단지 유포로 개성 3·1 운동의 도화선역할을
하였고, 우리나라 최초의 보육원을 설립하였다.
안녕하세요. 이렇게
찾아와 주시니
감사합니다.
큰 일 하셨습니다.
魚允姬

이애주
(1899-1968)
독립운동가이며 대한민국 제2대 부통령을 역임한 김성수의 부인.
정신여학교 재학 중 3·1 운동을 주도한 혐의로 구속되었다가 병으로 풀려났다.
목덜미
상처가 큰데...
속히 치료를...
저는
정신여학교에
다니는
이애주입니다.
李愛主

여러분의
노고가
헛되지 않게
한국독립을 위해
기도하겠소.

이제 그만 나가시오.
너무 오래 지체했소. 빨리요, 빨리!!

몸조심하세요. 여러분은 국가와 민족을 위해
큰 일을 하신 분들입니다.
주님께서 동행하실 것입니다. 힘을 내세요.

얼마 뒤 스코필드는 병보석으로 풀려난
이애주를 만나기 위해 병원으로 향했다.

박사님, 고문이 점점
심해지고 있어요. 불에 달군
인두로 몸을 지지지 않나...
엄지손가락만 묶어 천장에
매달기까지...
흑흑...
이러다 모두
죽게 생겼어요.
뭐요??

스코필드는 그 길로 조선총독부를 찾아가
정무총감 미즈노를 만났다.
무슨 일이십니까?
서대문형무소에
고문이 심하다는데
당신들 어떻게
그럴 수 있소???

내가 석방된
사람들한테 다
들은 얘기요.
어떻게 그런 만행을
저지른단 말이오??

그럴 리가요?
확인해 보겠으니
그만 가보세요.

스코필드는 미즈노의 명함을 얻은 후
서대문형무소로 향했다.
당신들 내가 미즈노
총감과 친분이 있는데...
내 말 잘 들으소.

여기서는
고문이나 학대는
없소이다.
아하 그래요??
그럼 여자감방
8호실에 노순경을
면회시켜 주소.
스코필드의 큰소리에 간수는
노순경을 면회시켜 주었다.

스코필드는 그 후 1주일에 한 번씩 서대문형무소를 들러 간수들을 회유하며,
한국인들을 잘 대해 주길 요청했다.
밥은
잘 주고
있소??
그렇다니까
매번 묻고
그러슈~
숯불은
잘 피워
주고
있는거요??

한국 생활을 하면서 스코필드는 늘 직접 보고, 들은 것을
상세히 기록했다. 자신이 찍은 사진들도 소중히 보관했다.

어떻게 하면
일본의 감시를 피해
3·1 만세운동을 전 세계에
알릴 수
있을까??
한국과 한국 사람을 위해 3·1 운동을
전 세계에 알리고 싶은 마음도 간절했다.

일본에 항거하는 한국 사람의 편에 선
스코필드는 일본형사 오호이시의
감시를 받고 있었다.
저 인간
또 어딜
가시무니까~
오호이시~
껌딱지같이 붙어다니긴...

당신은
왜 한국
사람의 만세
운동을 부추기는
것이오?
당신은 대일본
제국의 친구가
아니오?
내가
무엇을
부추겼다는
것이오.
한국 사람들이
자신의 나라를
찾겠다고
만세 부르는
것이지!

한국 사람들이
만세를 부를 수
밖에 없었던
까닭이나 똑똑히
알아보시오!!
깜짝이야!

그러던 중 1919년 9월 일본 동경에서 <극동지구 파견 기독교 선교사 전체회의>가 열렸다.
주여,
감사합니다.
저에게 3·1 운동을
알릴 기회를
주시다니요!!
THANKS GOD!!

이 선교대회는 한국, 중국, 필리핀, 일본 등에서 활동하는
선교사 800여 명이 참가하는 대규모 행사였다.
환영합니다.
선교대회에
참석한
선교사님들!!
각 선교구
대표자는 담당
선교구 선교사업을
보고해 주세요.
제한시간은
10분입니다.

10분? 10분
동안 3·1 운동을
전하기란
쉽지 않은데…
혼자
많은 시간을
할애할 수도 없고…
그래!! 청중에게
유도하도록
해야겠군.
Frank.W.Scho

다음은
캐나다장로회
한국 대표
스코필드
선교사님이십니다.

저는
한국에 세브란스
의학전문학교에서
의료선교를
하고 있습니다.
여러분~
여러분 집에 여러분보다
힘이 센 사람이 들어와
자신의 집이라고
우기면 어떻게
하실 건가요?
흠...
내 집에
들어왔다...
근데
힘이 세다니...
어쩌지??
쫓아낼 수도 없고...
이거 몹시 억울한데...
바로
지금 한국이
그런 심정입니다.
일본의
식민지인 그들은
자신의 나라를
되찾겠다고...
독립만세운동을
벌였습니다.
도대체
독립만세운동을
어떻게
벌였다는 거지...
만세운동으로
독립이 되나...
그것은 연약한 그들이 할 수 있는
최선이었습니다.
지금부터 그 목격담을
말씀드리겠습니다.

지난 3월 1일
한국 사람들은
탑골공원에서 독립선언문을
낭독하고 독립만세를
외쳤습니다.
거리에 인파가
어마어마했고,
만세소리에 내 귀가
멍해짐을 느꼈었죠.
저는 그때
한국 사람들이
얼마나 독립을
원하는지 느낄 수
있었습니다.
흑흑…

저는 사진촬영을 위해
일본인의 집에 들어갔다가
도둑으로 몰렸는데,
주인 아주머니가 빗자루로
얼마나 때렸던지…
ミーカリー
하하
하하
하하

만세운동은
전국 방방곡곡으로
퍼져 나갔습니다.
아이고… 시간이…
시간이 뭐가
중요합니까??
다음 이야기를
들려주시오~
이야기를
중간에서 끊으면
어떻게 합니까?
더 해요!

의장은 어쩔 수 없이 스코필드에게 발표시간을 더 주었다.
그런데 여러분, 스코필드 선교사가 우리에게 재미있는 이야기를 해주시다 내일 감옥에 갈 수도 있습니다. 그럼 우리는 석방운동을 해야 합니다. 허허~
하하하하

서울근교 제암리, 수촌리 등지에서도 만세운동이 있었습니다.
일본군은 보복으로 교회에 사람들을 가두고 불태워 죽이기까지 했습니다…

어떻게 교회에 사람을 두고 불을…
있을 수 없는 일이야…

독립만세운동만으로는 내 집을 찾을 수 없습니다. 여러분의 도움이 필요합니다. 이 사실을 각 국가와 전 세계에 알려주십시오.

짧은 시간이었지만, 스코필드는 한국 사람들의 독립에 대한 갈망을 여러 선교사에게 전했다.

연설을 마친 스코필드는 일본 총리대신
하라 수상과의 면담을 요청했다.

면담 승인을 받은 스코필드는
일본의 한국 폭정에 대한 시정을 요구하였다.

또한 스코필드는 일본 정부의
관계자들을 만나 한국에 대한 일본의
처사가 비인도적임을 강력히 항의했다.

일본의 식민지가 된 이후 한국인들은 국가의 독립을 위해 비밀단체를 조직하여 활동하였다.
여기에는 여성들 또한 적극적으로 참여하였는데 <대한민국애국부인회>가 대표적 단체였다.

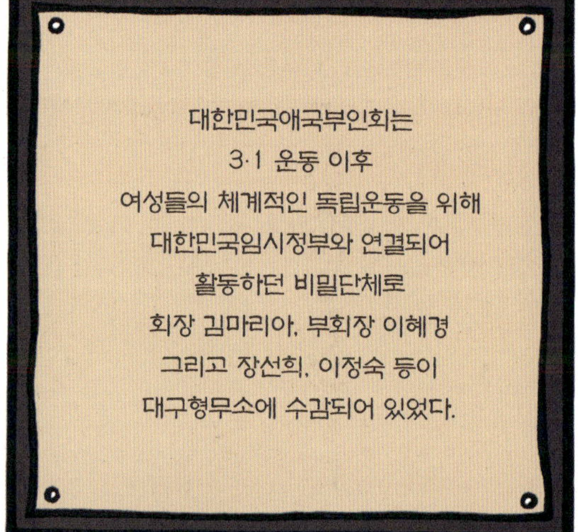

김마리아(1891-1944)는 정신여학교 출신으로 일본 유학 중 한국에 건너와 전국을 돌아다니며 독립운동을 하였다. 대한민국애국부인회 회장을 역임, 상하이 대한민국애국부인회 간부를 지냈다.

스코필드는 정무총감의 명함을 이용해서 감방을 들어갈 수 있었다.

추운 날씨에 불편한 몸을 이끌고 대구형무소를 찾은 스코필드는
<대한민국애국부인회> 간부들을 위로한 후 서울로 와 곧장, 사이토 총독을 찾아갔다.

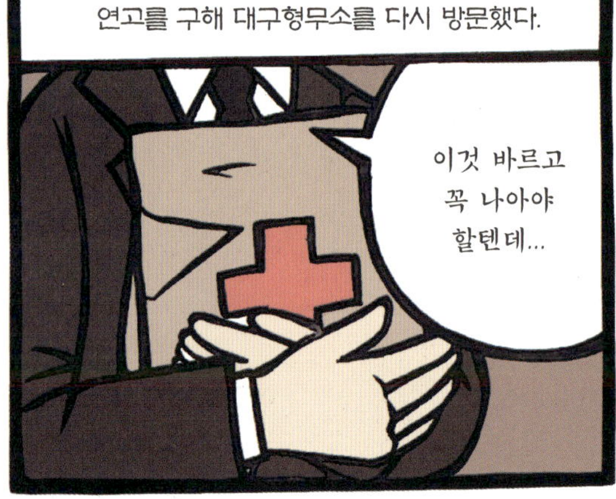

또 왔네,
캐나다선교사.
미즈노 정무총감을 안다고
명함을 들고다니는...
대단하긴 해~
자기 나라 사람도
아닌데
말이지...

스코필드는 미즈노 정무총감의 명함을
다시 내밀었다.
수고들하십니다.
김마리아와 이혜경을
면회신청하오.

선교사님
자꾸 이러시면
곤란합니다..
명함은 받아두라는
총감님 분부가
있었습니다.
뭐 그게 어렵겠소~
독한놈들....
사진이라도
찍어둬야겠다.

스코필드는 안내를 받아
대한민국애국부인회 간부들을 만났다.
모두들
무사해야 할텐데...

또
왔~어요.

이 연고를 몸에 바르면 상처가 많이 나을거요.
감사합니다...

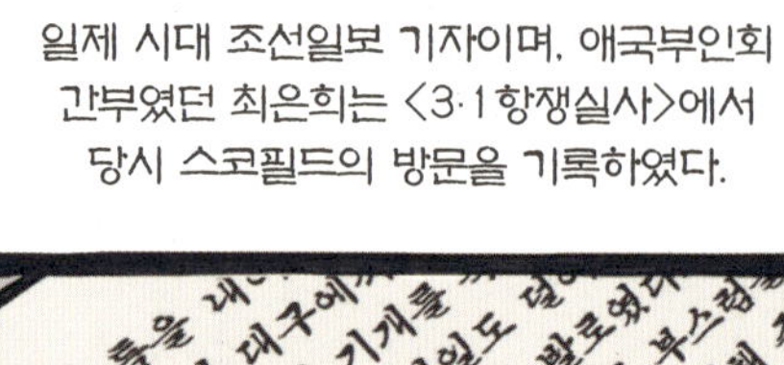
일제 시대 조선일보 기자이며, 애국부인회 간부였던 최은희는 <3·1항쟁실사>에서 당시 스코필드의 방문을 기록하였다.

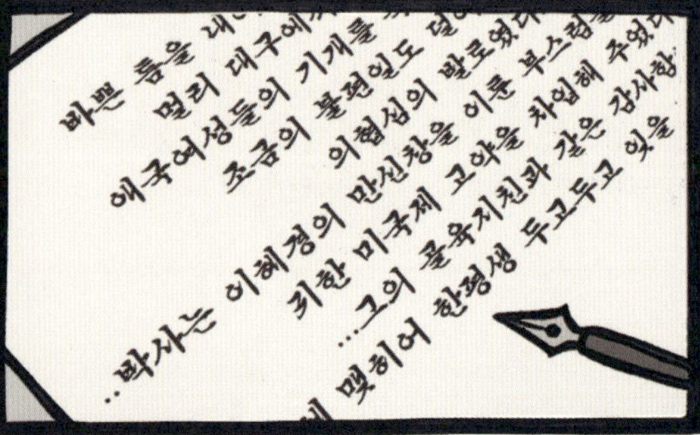
바쁜 틈을 내
멀리 대구에
애국여성들의 기개를
조금의 불편일도 덜
의협심의 발로였다
...박사는 이혜경의 만신창을 이룬 부스럼을
위한 미국제 고약을 차입해 주었
...그의 골육지친과 같은 감사함
맺히어 한평생 두고두고 잊을

1920년 1월 저녁, 영어 성경반 학생들이 스코필드 집에 찾아왔다.
박사님~~~
어서들 오게.

못 보던 이 여학생은 누구인가??
처음 뵙겠습니다. 개성에서 온 이경지입니다.

이경지 양은 개성에 미리흠여학교 교사였는데 일제에 저항한다는 이유로 지금까지 면직에 처해 있습니다.

딱하게 됐군. 자네는 이제 무엇을 하고 싶은가?
교육사업에 헌신하고 싶습니다. 지금은 교단에 설 수 없지만...

외국에 나가
공부하고
싶습니다.
집안 사정이 허락지 않아
단념하고 있었는데...
신봉조 씨가 박사님을
만나보라고 하셔서...
그렇군...
그렇다면
내가 외국에서
공부할 수
있도록
주선해 보겠소.

스코필드는 이경지의 유학을 돕기 위해
개성의 유력 인사를 찾아다녔다.

자네 애쓰는 모습을 보니... 참...
졸업 후 정화여학교에서 근무하는 조건으로
우리가 학비를 대겠네.
네? 어머니....
고맙습니다!!
정화여학교 설립자 김정혜가
이경지를 돕겠다고 나섰다.

스코필드의 노력으로 이경지는
동경유학에 오를 수 있었고,
얼마 뒤 유학을 떠나는 이경지에게
스코필드는 편지를 건네 주었다.
오직
한국 여성들을
위해서 열심히
공부해야 하오!!
스코필드가 준 편지 봉투 안에는
100원이 들어있었고, 이경지는 감사하는 마음에
눈물이 그치지 않았다.

earMy Friend...

4장

스코필드의 한국사랑

영국은 직조품을 세계에 주고, 미국은 강철을 주지만
한국이 줄 것은 위대한 인격자이다.
세계의 가장 강한 나라의 압박 밑에 있던 유대에서
예수 같은 인격자가 난 것 같이
한국은 오늘이 세계를 위하여 큰 인격자를 낼 사명을 가졌다.
한국이 할 수 있는 일이 많겠지만
그 모든 일 가운데 가장 큰 일은 이것이다.

- 스코필드 박사 환영회에서
〈동아일보〉 1926년 6월 27일

1920년, 3·1독립만세운동이 1주년을 맞았다.
스코필드는 <여자감방 8호실>이 생각나
서대문형무소로 향했다.

스코필드는 노순경을 만나
감방에서의 만세 소식을 전해 들었다.

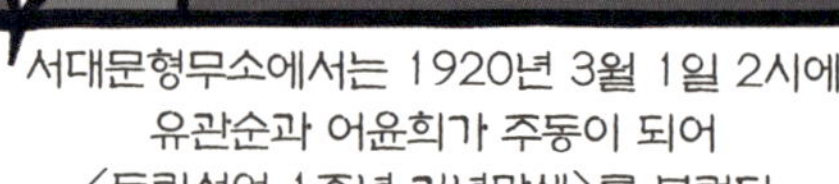

서대문형무소에서는 1920년 3월 1일 2시에
유관순과 어윤희가 주동이 되어
<독립선언 1주년 기념만세>를 불렀다.

한편 평안도 선천에서는 보성여학교와
신성고등학교 학생들이 <3월 1일 기념만세>를
불러 경찰에 잡혀가 조사를 받고 주도자는
실형을 선고 받았다.

스코필드가 온다는 소식을 들은
신성고등학교 전교생은
학교 운동장에 나와 그를 맞았다.
스코필드 박사님이 오신다니...
빨리빨리 뵙고 싶다.

환 스코필드 박사 영
학교 분위기가 무겁군... 학생들의 실망이 클텐데... 어떻게 하면 학생들에게 힘을 줄 수 있을까?

고맙습니다.
곰?
고맙습?? 곰왔음?? 곰 왔으면 총을 쏴야지...
이렇게 멀리 저희들을 찾아와 주시다니...

빵! 빵!
하 하 하 하 하

흠흠... 여러분 찬송 한 장 함께 부릅시다.

♬ 주를 앙모하는 자 올라가 올라가 독수리 같이 ♬
♬ 모든 싸움 이기고 근심걱정 버린 후 올라가 올라가 독수리 같이 주 앙모하는 자 주 앙모하는 자 늘 건강하여라 ♬

노래를 마친 후, 스코필드는 장엄한 분위기 속에서 신성고등학교 학생들을 위로하기 위해 입을 열었다.

신성고등학교 학생들은 독수리처럼 용감한 사람들이오. 여러분은 그 용기를 잊지 마시고

자신과 여러분의 동포를 위해서 열심히 공부하고 일하길 바랍니다.

조선총독부는 대한제국의 마지막 황태자 영친왕이 일본 황족과 결혼하는 날을 맞아 수감자들을 대거 석방하였다.

유관순도 함께 나왔어야 하는데... 감옥에 남아있는 사람들에게 미안하네요.

우리가 그들 몫까지... 국가와 민족을 위해 열심히 살아야지요.

석방된 어윤희는 개성 북부교회의 전도사가 되어 활동하였다. 감옥에서 받은 모진 고문은 그녀를 더욱 강하게 하였다.

개성북부교회

스코필드는 3·1독립만세운동 때 직접 보고, 듣고, 느낀 것을 자세히 기록했다.
그리고 시들지 않는 들꽃 같은 어윤희의 모습을 보고 <끌 수 없는 불꽃>이라는 원고를 썼다.
The Unquenchable Fire
Frank W. Schofield
이것이야말로 어떤 힘으로도 억제할 수 없는 꺼지지 않는 정열이며, 끌 수 없는 불꽃이구나! 바로바로바로 이거야!!

스코필드는 세브란스 의학전문학교와의 계약 만료를 앞두고, 향후 자신의 거처를 결정해야 했다. 일제의 미움을 받고 있던 스코필드는 세브란스 의학전문학교에 계속 남아있을 수 없었다.
한국... 한국 사람들.. 그리울거야.
세브란스
세브란스

한편, 스코필드의 귀국이 공식화된 상태에서 다급해진 것은 일본 당국이었다.
스코필드에게 3·1 운동 전모를 알릴 사진과 기록이 있을거란 말이지...

그 자의 집을 샅샅이 뒤져서라도 한국 자료가 외부에 나가지 않도록 하시오!
하이!! 알겠스므니다!!

1920년 4월 어느 날 스코필드 방에 괴한이 찾아왔다.

9시 땡 하면
오시는 박사님이
왜 안 오시지?

근데 박사님
방에서
무슨 소리가…
도둑이
틀림없군!!
도둑이야!
도둑!
툭

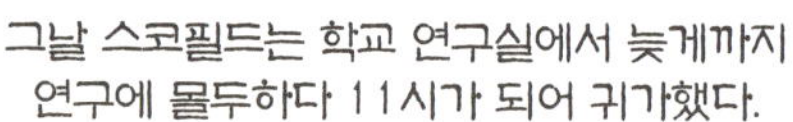
그날 스코필드는 학교 연구실에서 늦게까지
연구에 몰두하다 11시가 되어 귀가했다.

박사님,
큰일이 났었어요.
집에 괴한이…
박사님이 안 계셨으니
망정이지 큰일
날 뻔 했어요.
뭣이??
자네가 많이
놀랐겠어…

소식을 들은 옆집에 사는
모리스(Moris, C. David) 선교사는
그가 키우던 개를 데려왔다.
박사님, 안전을 위해
이 개라도 밖에
매어 놓으세요.
멍! 멍!
하나님이
보호해 주시는데
무엇이 걱정입니까…
내 목숨 주 뜻에
따르렵니다. 허허…
허허

4월 귀국을 앞둔 스코필드는 지인들을 찾아가
작별인사를 했다. 서대문형무소에 복역 중인
이갑성도 잊지 않았다.
3·1 독립운동을
도와달라고
찾아왔던
그날이
기억나는군…

떠난다는 소식 듣고,
이제 못
보겠구나…
했는데…
친구야~
친구를 안 보고는
발길이… 헤헤

스코필드는 사이토 총독과 미즈노 정무총감을 만나 작별 인사를 하고 한국 사람들을 괴롭히지 말라고 신신당부도 했다.

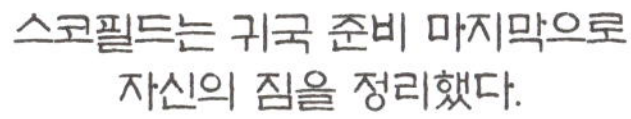

스코필드는 <끌 수 없는 불꽃>은 자신의 불편한 오른쪽 다리에 넣고, 붕대로 동여매었다. 3·1 운동 관련 사진은 구두 밑창에 넣었다.

1920년 4월 11일, 스코필드는 그리운 한국을 떠나기 위해 한국인들과 동료 선교사들과 인사를 나누었다.

스코필드는 노트에 한국을 위해
할 일을 적어 나갔다.
첫째, 한국의 실정과 3·1 독립만세 운동의 모든 것을 전 세계 언론에 소개하기.
둘째, 〈끌 수 없는 불꽃〉 출판!!
우선, 스코필드는 한국 상황을 알리는 글을
언론에 기고했다.
이제 때가 왔군!
일본이 얼마나 한국 사람을
괴롭히는지 낱낱이
알리겠어!!
한국에서 만난 강인한 여성들을 생각하며...
한국여성..
노순경, 유관순, 어윤희...
그리고 김마리아, 이혜경
강인한 그녀들.
스코필드는 글을 쓰고, 그 글들을 신문에 기고했다.
BENEATH YOKE
KOREAN WOMEN HAVE THE "HIM"
A Korean Christian school girl—the Japanese officials say she is their greatest problem
대한독립만세
으아....
일제의 억압에 고통당하는 한국인을 떠올리며...

다음으로, 스코필드는 <끌 수 없는 불꽃>을
출판하기 위해 영국 런던의 한 출판사로
원고를 보냈다.

그러나 영국과 일본이 영일동맹을 맺은 상황에서
출판사가 일본의 비인도적 포악상을
폭로하기란 쉽지 않은 일이었다.

스코필드는 미국에서 독립운동을 하는
이승만을 찾아갔다.

그러나 이승만이 소개한
뉴욕의 한 출판사는...

이승만과 스코필드는 미국선교회를 찾아갔다.
하지만 ...

신마실라의 집에 도착한 스코필드는 대화를 나누던 중 책상 위에서 이경지로부터 온 편지를 보았다.
스코필드의 도움으로 일본에 유학을 갔던 이경지는 중국에 머물며 학비를 벌고 있었다.

이경지 양을 아시나요?

그럼요, 이화학당 후배인걸요.

아까운 인재... 이경지 양 내가 도와줘야겠군.

이날 모금된 2,000달러는 스코필드의
편지와 함께 이경지 양에게 보내졌다.
이경지 양에게
나도 고학으로 대학을 다녀
그것이 얼마나 어렵고
힘든 일인 줄 아오.
모든 힘을 집중하여
더욱 부지런히 공부하고,
장차 한국여성들을 위해서
공헌하길 바라오.
-스코필드 박사가-
이경지 양에게…
이경지는 중국에서 사범대학을 졸업한 후 봉은보육원을
운영하며, 평생 고아와 여성들의 교육에 헌신했다.

1921년 스코필드는 온타리오
토론토대학교 수의과대학에 복직하여
수의학 연구에 힘을 쏟았다.

1921년 겨울, 여러 농장에서 스코필드가
근무하는 학교로 질병의뢰가 들어왔다.
농장에 소들이
심한 출혈로
죽어간다고 합니다.
축산농가의
피해가
크다는데...
빨리 원인을
찾아야겠어요.

스코필드는 문제가 발생한 농장을 돌아다니면서 원인을 찾고자 노력했다.
출혈증세 빼고는
별다른 이상이
없는데 이상하군.
바로 이거야~!!!
소의 먹이가
문제였어.

소의 먹이에는 스윗 클로버가 섞여 있었다. 스윗 클로버는 큐머린이라는 혈액의 응고를 방지하는 성분을 함유하고 있다. 그래서 출혈성 질병에 걸린 소가 출혈이 멎지 않은 채 죽어갔던 것이다.

이 연구 결과로 오늘날 세계 각지에서 널리 사용되는 쥐 잡는 약 '와파린'(Warfarin)과 혈액응고방지제가 나왔다.

세균학과 병리학을 전공한 스코필드는 145편의 연구 논문을 발표할 정도로 세균학과 병리학 연구에 열심이었다.

스코필드는 독일 루드비히 막시밀리안 대학교에서 명예박사 학위를 받았고, 수의학협회로부터 '세인트 에이르와 훈장'을 받았다. 또한 '국제수의학회상'도 수상했다. 캐나다로 이민 와 농장에서 일하면서 수의사가 되고자 꿈꾼 그는 어려운 환경을 극복하고 전 세계에서 인정받는 세계적인 수의학자가 되었다.

그러나 한국을 떠난 스코필드는 늘 한국이 그리웠다.
한국 김치 먹고 싶다.
한국은 지금쯤 봄이겠지.
보고 싶다. 한국의 친구들...

저 배를 타면 한국에 갈 수 있을 텐데...

한 푼
두 푼
돈을 모아 꼭 한국에 가야지!!

BANK OF CANADA
GO~!! KOREA~!!
드디어 꿈에 그리던 한국으로!!
BANKOFCANADA

President's Office

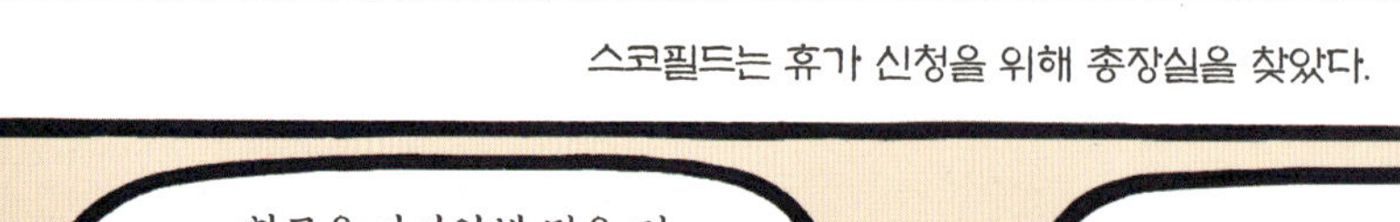

스코필드는 휴가 신청을 위해 총장실을 찾았다.

한국을 가기위해 먹을 것
안 먹고 입을 것 안 입고
꼬박 6년을 기다렸습니다.

동양에 그 조만한 나라 한국이요?
저축한 돈으로 멋진 차나
사는 게 어떻소?

NO~

자동차는 사랑할 수도,
이야기할 수도 없지 않습니까?
저는 사랑할 수 있고
함께 이야기 할 수 있고
마음에 잊히지 않는
한국에 꼭 가겠습니다.

어허허허~
이 사람
한국에
단단히
미쳤군.

한편, 한국 일간지는 스코필드가 온다는
소식을 도착 며칠 전부터 보도하였다.

스코필드는 1926년 6월 23일 한국에 도착했다.
환 스코필드 박사 영
영원한 한국인의 친구!
이렇게 잊지 않고
먼 길 오다니 고맙네.
이렇게 환영해
주시다니 감사합니다.

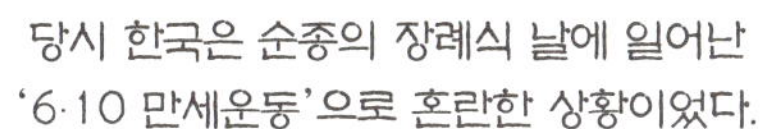
당시 한국은 순종의 장례식 날에 일어난
'6·10 만세운동'으로 혼란한 상황이었다.

으...
하필 이럴때 또
스코필드가
나타나다니...
아... 골치아픈
스코필드...
으...

1926년 6월 25일 4시,
명월관에서 스코필드 환영회가 열렸다.
明月館

환영합니다.
스코필드
박사님!!
다시 만나니
반갑습니다.

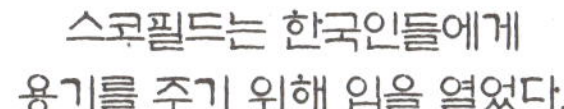
스코필드는 한국인들에게
용기를 주기 위해 입을 열었다.

제가 여행 중에 캐나다
어느 지방 호텔에 묵은 적이 있습니다.

2004
이 표찰은
미국산 동판이군.

이 면은 영국산이군.

그렇다면 내 사랑 한국은?
옳지! 위대한 인격이 있지!
흠..

저는 기억합니다.
3·1 만세운동을 벌이던 한국인을…
형무소의 그 모진 고문도
견뎌낸 한국인을…

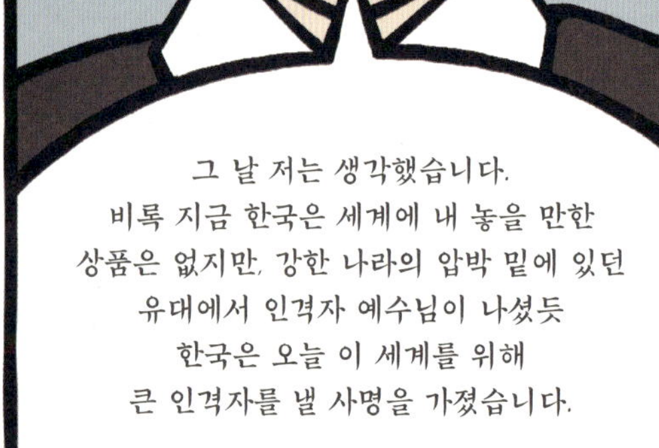
그 날 저는 생각했습니다.
비록 지금 한국은 세계에 내 놓을 만한
상품은 없지만, 강한 나라의 압박 밑에 있던
유대에서 인격자 예수님이 나셨듯
한국은 오늘 이 세계를 위해
큰 인격자를 낼 사명을 가졌습니다.

박수~
옳소!!
용기를 내십시오.
무슨 일이든지
확고한 결심만
있으면 성공할
것입니다!

이날 환영회에는 스코필드가 유학을 도운 이경지 양,
3·1 만세 운동 당시 스코필드에게 사진 촬영을 부탁했던 이갑성 등이 참석했다.
박사님 덕분에 유학을... 감사합니다. 지금은 고아와 여성을 위해 봉사하고 있습니다.
독립선언서를 가지고 찾아온 그 날을 전 잊지 못합니다.
친구!! 잊지 않고 한국을 찾아 주어 고맙소.

스코필드는 한국에 머물며
바쁜 일정을 이어 나갔다.
30
3
28
서울
26

6월 26일에는 함흥에서 열리는
감리교연회에 참석하였다.
Methodist Church

스코필드는 한 달 정도의 한국 일정을 마치고, 캐나다로 돌아갔다.
또 보자~ 한국!!
한국은 나의 제2의 조국입니다. 여러분 안녕히 계세요... 흑흑

한국에서 돌아온 스코필드는 연구에 더욱 매진하였고
그 결과 온타리오 수의과대학 정식 교수로 부임하였다.

한편, 1916년 스코필드와 함께 한국에 왔던 아내 앨리스는 신경쇠약으로 캐나다로 돌아와
요양소에 입원해 있었다. 스코필드는 아내를 정성껏 돌보았다.

또한 아내를 대신해 집안일도 하고 자신의 아들도 정성껏 돌보았다.

앨리스는 피아노를 전공한 아름다운 여인이었다.
앨리스는 스코필드와 결혼 후 한국에 함께 입국하여 스코필드의 선교사역을 도왔다.
그러나 앨리스는 한국 생활에 적응하지 못하고 어려움을 겪었다.
콜록
콜록
여보, 난 이곳 생활이 즐겁지가 않아요.
앨리스는 결국, 임신을 한 채 홀로 귀국해 아들을 낳았다.
몸 건강히 조심히 돌아가요.
여보, 당신도 건강하게 지내세요. 함께 있지 못해 미안해요…
앨리스는 1957년 이 세상을 떠날 때까지 정신질환으로 보호시설에서 생활했으며, 스코필드는 끝까지 아내의 곁을 지켰다.
사랑하는 앨리스, 끝까지 지켜주지 못 해 미안하오…

스코필드는 인간에 대한 평등을 늘 강조했으며,
인종과 신분과 상관없이
주변 사람들을 사랑으로 대했다.

스코필드는 대학에 청소부로 있던
흑인 할머니의 딸이 인종차별로 인해 학교를
졸업하고도 직장을 얻지 못한다는 소식을 들었다.

고민 끝에, 스코필드는 흑인 할머니의 딸을 자신의 연구실 조교로 채용하고자 학장과의 면담을 요구했다.

하나님이 칠한 빛깔이 사람이 칠한
빛깔보다 못하단 말입니까?
어떻게 사람을 빛깔로 나눕니까?

1년이 지나, 새로운 학장이 부임하면서
흑인 청소부의 딸은 스코필드의
조교로 일할 수 있게 되었다.

교수님, 감사합니다!
감사합니다! 흑흑…

할머니…
제가 한 게 아닌걸요…

스코필드는 틈틈이 한국의 상황을 전해 들으며 늘 한국을 그리워했다.

1937년 중일전쟁

1945년 해방

1948년 대한민국정부 수립

1950년 한국전쟁

학교에서 은퇴한 스코필드는 마침내
1958년 정부초청으로 한국을 다시 찾았다.

정부 관계자와 제자들은 그의 입국을 기념하며
배재고등학교에서 환영회를 가졌다.

스코필드는 자원하여 그해 가을학기부터 서울대 수의과대학에서 수의병리학을 강의하기 시작했다.
당시 한국은 전쟁을 겪고, 재건하는 과정에 있었다.
하나님! 감사합니다. 아직도 쓰임 받을 수 있다니요. 이 한 몸 바치겠습니다.
내가 이곳에서 무엇을 할 수 있을까...

스코필드는 한국 땅에 희망을 심기 위해 성경공부반을 조직하고 학생들에게 말씀을 가르쳤다.
3시 30분이네요~ 자자 오늘은 로마서 5장 할 차례지요?
BIBLE
네, 할아버지.

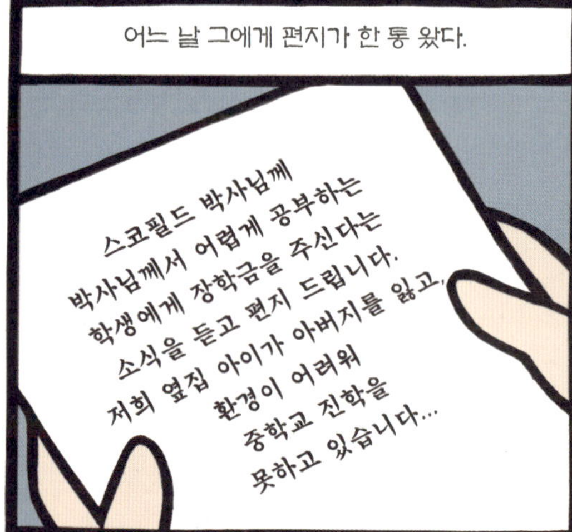
어느 날 그에게 편지가 한 통 왔다.
스코필드 박사님께
박사님께서 어렵게 공부하는 학생에게 장학금을 주신다는 소식을 듣고 편지 드립니다.
저희 옆집 아이가 아버지를 잃고, 환경이 어려워 중학교 진학을 못하고 있습니다...

다음날 스코필드는 13살의 똘똘한 학생을 만났다.
안녕하세요, 할아버지! 정운찬이라고 합니다.
똘똘하게 생겼구나... 이름이??

공부를 그렇게 잘한다면서?
할아버지가 학비를 줄테니
더욱 열심히 해야 해!!
네네네!!!
할아버지
감사합니다.
그 후 두 사람은 할아버지와 손자처럼
가깝게 지내며, 성경공부도 함께 했다.
그리고 정운찬은 이후 국무총리가 되었다.

스코필드는 서울대학교 안 4평 되는 크기의
외인 기숙사에 살았다.

국내철도 2등 무임승차 우대권이 있음에도
항상 3등 객차를 이용했다.
2등칸은
필요한 사람이
써야지...
나야 허허허~

스코필드는 자신이 가진 학문과 재정을 자신의 것이라 생각하지 않았다.
그는 자신의 모든 것을 필요한 사람에게 베푸는 삶을 살았다.
내것이 어디있어...
모두 주님의 것이지.

스코필드는 마지막 순간까지 맡겨진 모든 일에 충실하였다. 세계적인 수의학자 스코필드는 서울대에서 학생들을 가르치는데 힘을 쏟았고, 영어성경반을 만들어 학생들에게 성경을 가르쳤다.

또한, 스코필드는 고아들을 정성껏 돌보았고,
매일 밤 전 세계의 친구들에게 편지를 써서 한국의 사정을 알리고 후원을 요청했다.

중요한 역사적인 순간마다 스코필드는 3·1정신을 강조하였고,
부정과 부패가 드러날 때마다 한국정부를 날카롭게 비판하였다.

한국정부는 스코필드의 헌신과 사랑에 대한 보답으로 훈장을 수여했으며, 훈장을 받은 그는
메달의 참 뜻이 죽을 때까지 더욱 열심히 사회에 공헌하고 어려운 사람을 사랑하라는 것이라고 말하였다.

More	더욱
Enthusiasm	열심히
Dedication	헌신하고
Action	실천하고
Love	사랑하라

"나의 바람은 한국땅에 묻히는 것이다."고 말했던 스코필드는
그의 유언대로 평생을 바쳐 사랑한 한국땅에서 생을 마감했다.

It is my desire that I should be buried in Korea.

〈스코필드의 유언〉
유린보육원 1,500달러,
서울 중앙기독교청년회 1,000달러
나머지는 3월치 학교 수업료로 나누어 줄 것

모두가 들어가 뛰어야 하는 매우 중요한 경기가 하나 있는데 그것은 '생명을 위한 경기'이다.
우리 모두에게 있어서 그것은 어렵고도 긴 경주이다.
어떤 사람은 영예와 승리를 누리고 마칠 것이고, 어떤 사람은 불명예와 패배를 가지고 마칠 것이고,
또 다른 사람들은 경기를 마치기 전에 다양한 이유로 탈락하게 될 것이다.
그러나 우리는 비틀거리거나 넘어지더라도
다시 일어나 끝까지 경주해야 한다는 사실을 절대 잊어서는 안 된다.
경주를 하는 사람 모두에게 중요한 것이 있다.
그것은 성공하기 위해서는 경주하는 자들이 확고함과 인내를 가져야 한다는 것이다.
'인생의 경주'에서 단 하나의 보상은 승리하는 모든 사람의 마음에 숨겨진 상이고,
이 상의 이름은 '고귀한 인격'이다.
그런데 더욱 놀라운 것은 예수가 길고 어려운 '인생의 경주'를 충직하게 달린 자들 모두에게
상을 줄 것이라는 사실이다.
나는 이것이 인간이 지금까지 들어본 것 중에 가장 좋은 소식이라고 생각한다.

-스코필드, '어렵고 기나긴 경주' 중에서-

부록

한국을 한국인보다 더 사랑한 우리의 친구, 스코필드

- 한국고등신학연구원장, 김재현

스코필드 연보

스코필드와 한국 근·현대사

스코필드가 만난 사람들

지도와 통계로 보는 3·1만세운동

화성시 대표적인 3·1만세운동

대표적인 화성시 기독교 역사와 유적

한국을 한국인보다 더 사랑한 우리의 친구, 스코필드

(한국고등신학연구원장, 김재현)

1889년 영국 워릭셔Warwickshire에서 4남매의 막내로 태어난 스코필드는 9살 때 한국인 유학생 여병현을 만나 처음으로 '한국'이라는 나라를 알게 되었다. 고등학교를 졸업한 스코필드는 어떤 삶을 살아야 하는지에 대해 진지하게 고민했다. 그는 어려운 사람들을 돕고, 인류와 국가를 위해 봉사하는 삶을 살고자 결심했다. 그러면서 자신의 미래에 대한 답을 얻고자, 19살에 홀로 캐나다로 건너가 그곳에서 일하면서 열심히 공부하여 온타리오 토론토대학교 수의과대학에 입학했다.

그러던 어느 날, 생활비와 학비를 벌며, 공부까지 해야 했던 21살의 스코필드는 자신의 지하 방에서 며칠을 끙끙 앓은 후 왼쪽 팔과 오른쪽 다리에 마비 증상을 겪었다. 그날부터 스코필드는 지팡이를 짚고 다녀야 하는 불편한 생활을 하게 되었다. 이러한 절망적인 상황을 겪으면서도 스코필드는 좌절하지 않고, 하나님을 의지하며 더욱 열심히 생활했다.

기억 저편에 있던 한국을 향해서...

대학과 대학원을 졸업한 스코필드는 모교의 수의학과 교수로 근무하던 중에 한국의 세브란스 의학전문학교 교장인 올리버 에비슨Oliver R. Avison으로부터 한국에 의료선교사로 와 달라는 부탁의 편지를 받았다. 그는 어린 시절 아버지의 제자를 통해 들었던 '한국'이라는 이름을 떠올리며 고민하였다. 고민 끝에 스코필드는 자신의 삶의 목표로 삼았던 어려운 사람을 돕고, 국가와 더 나아가 인류에 봉사하는 삶을 살 때가 왔음을 깨닫고, 1916년 11월, 아내와 함께 한국에 와 의료선교사로 세브란스 의학전문학교 세균학 교수로 일하게 되었다. 그는 한국에 도착하자마자 한국어 공부에 매진하여 1년 만에 〈선교사 자격획득을 위한 한국어 시험〉에 당당하게 합격하였다.

이름대로 산 호랑이 할아버지

스코필드의 한국어 실력은 시간이 지나면서 날로 늘어갔다. 그는 스스로 '석호필'石虎弼이라는 한국어 이름을 지었다. 돌石처럼 굳은 의지를 지니고, 호랑이虎 같이 용맹함을 갖고, 어려운 사람을 돕는弼(영어로 알약Pill을 의미)사람이라는 뜻이었다. 스코필드는 자신이 지은 그 이름의 뜻처럼 평생 굳은 의지로 용맹스럽게 어려운 사람을 도우며 살았다.

스코필드는 한국 역사와 한국 상황에도 관심을 가졌다. 그리고 한국의 미래를 이끌어 나갈 젊은 학생들에게 세균학 강의뿐만 아니라 일제강점기에 그들이 국가와 민족을 위해 무엇을 해야 하는지에 대해 이야기를 나누었다. 또한, 스코필드 자신도 한국인들을 위해 무엇을 해야 할지 늘 고민했다.

그러던 어느 날, 평소 잘 알고 지내던 이갑성이 그를 찾아와 탑골공원에서 있을 3·1독립만세운동 때 사진을 촬영해 줄 것을 부탁했다. 스코필드는 이갑성의 어려운 부탁에 되려 "한국인을 도울 수 있음에 내가 더 영광입니다."라며 흔쾌히 수락했다. 뿐만 아니라 수원의 남쪽 제암리와 수촌리에서 자행된 일본의 잔악한 학살 소식을 듣고, 한걸음에 현장으로 달려가 주민들을 위로하고, 사진을 찍어 캐나다 선교본부를 비롯하여 세계 언론에 "제암리 학살 만행 보고서"와 "수촌리 학살 만행 보고서"를 제출했다. 그의 수고로 전 세계는 한국의 독립의지와 일본의 만행을 알게 되었다. 이러한 그의 노고에 감사하며, 한국에서는 그를 '민족대표 제34인'으로 불렀다.

한국 의료선교사를 마치고 고국으로 돌아간 스코필드는 캐나다와 미국에서 일본 통치에 고난 당하는 한국을 소개하며, 한국의 독립운동을 적극 후원했다. 또한 3·1 운동 이야기를 담은 견문록 '끌 수 없는 불꽃' The Unquenchable Fire을 출판하여, 더 많은 사람에게 한국과 일제강점기의 한국 상황을 알리려 시도하였으나, 재정적인 문제로 실패하였다. 당시 워싱턴에 있던 한국 초대대통령이 된 이승만에게도 도움을 요청했지만, 출판은 할 수 없었다.

캐나다 토론토대학에서 교수로 재직하면서도 한국과 한국인을 그리워했던 스코필드는 정년퇴직 후 한국에 왔다. 서울대 수의과대학 교수로 있으면서 주위에 어려운 학생이나 고아를 자식처럼 돌본 스코필드는 유럽과 미주에 있는 친구들의 도움을 받아 '스코필드 기금'을 마련해 그들을 더욱 열정적으로 돌보았다.

또한, 스코필드는 호랑이처럼 무섭고 날카로운 시선으로 한국 언론에 자신의 생각을 밝히면서 한국과 한국인을 위해 한국의 민주화와 반-부패反腐敗 운동에 앞장섰다.

악惡에는 차갑게, 선善에는 뜨겁게

1919년, 3·1 운동으로 수많은 사람이 서대문형무소에 끌려가 온갖 고문을 당했다. 스코필드는 그곳에서 고문을 당해 온몸이 상해서 돌아온 사람을 직접 만나기도 했는데, 그 해 5월 11일 자 〈서울 프레스〉The Seoul Press에서는 '서대문형무소'를 '서대문 요양소'라고 표현하면서 수감 중인 사람들이 편한 생활을 한다고 홍보했다. 기사를 보고 분노한 스코필드는 〈서울 프레스〉에 편지를 보내, 그 신문사가 거짓을 얘기하고 있음을 반어적으로 표현했고, 그 결과 그는 서대문형무소를 방문할 수 있었다. 그곳에서 스코필드는 '여자 감방 8호실'을 방문해 3·1 운동에 참여한 한국의 여성 지도자들인 노순경, 유관순, 어윤희, 이애주 등을 만날 수 있었다. 그녀들의 눈빛에서 독립의 굳은 의지를 읽을 수 있었지만, 심한 고문과 야만적인 매질로 온몸이 상해 있었다. 스코필드는 그녀들을 위로했고, 일본의 야만적 처우에 대해 일본 관료를 만나 항의했다.

그뿐만 아니라 스코필드는 먼 길을 마다치 않고 대구형무소까지 방문하여 한국의 여성 독립투사들을 위로했다. 1919년 11월, '대한민국애국부인회' 사건으로 회장 김마리아를 비롯한 여성들이 대구형무소에 수감되었다는 소식을 들은 스코필드는 그곳을 방문하여 성경 말씀으로 그녀들을 위로했고, 심한 고문으로 피부병에 걸린 이혜경을 위해 미국제 연고를 구해다 주었다.

이렇듯 스코필드는 일제의 식민정치에 고통받는 사람들을 직접 찾아가 위로하고, 일제의 부당한 처사에 당당히 맞서 항의한 한국과 한국인을 누구보다 사랑한 선교사였다. 이러한 스코필드의 태도에 일제는 언론을 통해 그를 공식적으로 '가장 과격한 선동가'Arch Agitator로 낙인 찍었고, 결국 그는 1920년 4월 강제 출국 당했다.

선교사와 학자의 경계를 넘나들다

스코필드는 3·1 운동과 관련해 민족대표 제34인으로서 활약한 선교사로 더 잘 알려졌지만, 그는 학자로서도 세계적으로 인정받는 수의학자였다. 수의병리학과 수의세균학 관련한 논문을 평생 140여 편이나 발표했고, 미국 수의학회에서 열두 번째로 '국제수의학회상'을 수상했다. 특히 온타리오주 농장에서 자란 소의 질병 원인을 입증하는데 큰 공헌을 하였고, 그로 인해 오늘날 질병 치료에 사용되는 항응고제 와파린Warfarin이 개발되었다.

책의 기획 의도

한국고등신학연구원과 화성시기독교총연합회는 보다 많은 사람에게 스코필드의 삶과 사역을 알리기 위해 오랫동안 준비를 해왔다. 특히 이 시대를 살아가는 젊은 청년들과 이 나라를 짊어지고, 다음 세대를 이끌어갈 청소년들에게 조금 더 이해하기 쉽게 스코필드 삶의 태도를 전하고 싶었다. 고심 끝에 두 기관은 서로 협력하여 스코필드의 편지, 기고문, 메모, 보고서 등의 원자료를 토대로 한 선집(한글-영어)과 선집에 기초를 둔 만화책을 동시에 출간하게 되었다.

하나님의 사역을 하는 선교사이며, 세계적인 수의학자의 삶을 살면서도 내 이웃과 세계 인류를 위해 자신이 할 수 있는 일을 항상 고민하며, 실천했던 스코필드!

이 책을 통해 스코필드가 이 땅에서 삶의 방향이나 진로를 결정하지 못하고 방황하는 청소년들의 롤 모델로서 그 역할을 톡톡히 해내길 소망한다.

스코필드 연보

1889 - 1970

1889. 3.
영국 워릭셔Warwickshire주의
럭비Rugby시 출생

1897.
클리프 대학Cliffe College의
한국 유학생 여병현을 만남

1907.
캐나다로 이민

1908.
캐나다 온타리오
토론토 수의과대학 입학

1920. 4.
캐나다로 귀국

1921.
토론토대학교 교수 복직

1926. 6.
한국 방문, 한 달간
체류 후 귀국

*1945 8·15 광복

1952.
독일 뮌헨 루드비히
막시밀리안 대학,
명예 수의학박사 학위 수여

1954.
〈국제수의학회상〉 수상

1955.
모교 교수직 은퇴

1957.
부인 앨리스 별세

1958.
정부 초빙으로 한국 방문
서울대학교 수의과대학에서
수의병리학 교수

1959.
〈스코필드 기금〉 설치

*1960. 4·19 혁명
*1961. 5·16 군사정변

1960. 12. 16
문화훈장 수여

1968. 3.
대한민국 건국공로훈장 수여

1969. 3.
3·1 운동 50주년
기념식 참석

1909.
소아마비를 앓음

1910.
캐나다 온타리오
토론토 수의과대학 졸업

*1910. 한일합병

1911.
수의학 박사학위
취득

1913. 3.
앨리스Alice와 결혼

1916. 11.
캐나다장로회 의료선교사로 내한
세브란스 의과대학에 세균학,
위생학 교수로 부임

1917.
〈선교사자격획득을 위한
한국어 시험〉 합격

1919. 3. 1
이갑성의 부탁으로
3·1 운동 현장 사진 촬영

만세 대한독립

*1919. 3·1 운동
*1919. 4. 5 수촌리 학살
*1919. 4.15 제암리 학살

1919. 4. 18
화성시 제암리·수촌리 방문

1919. 5.
서대문형무소 방문
하세가와 총독과
미즈노 정무총감 방문

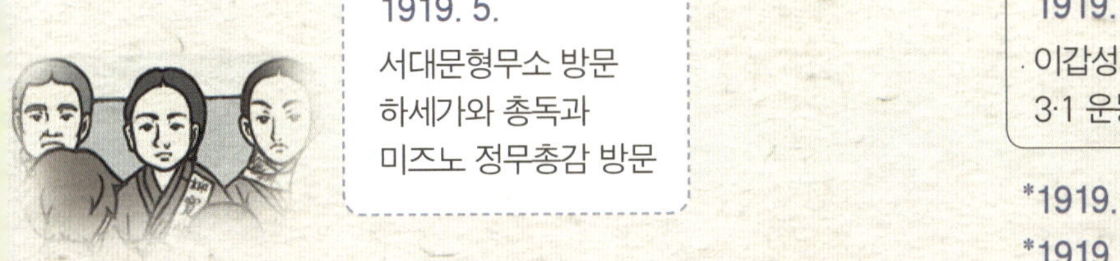

1919. 11.
대구형무소에 투옥된
〈대한민국애국부인회〉
회원 방문

1970. 3.
서울대학교 명예
수의학 박사 학위

1970. 4. 12
국립중앙의료원에서 영면

1970. 4. 16
서울 남대문교회에서 광복회
주최 사회장으로 영결식 집행
국립묘지 애국지사 묘역에 안장

스코필드와 한국 근·현대사

1. 일제 시대

3·1 운동

1919년 3·1 운동 장면

일제 강점기인 1919년 3월 1일, 한국인들이 일제의 억압적인 식민지배에 저항하여 "만세!"를 외치며 한국의 독립을 선언한 사건.
1919년 3월 1일에 민족대표 33명이 서명한 독립선언서를 서울의 탑골공원에서 낭독한 후 시민들이 일제히 대한독립만세를 외치며 거리를 행진했다. 이 운동은 서울을 시작으로 전국에 걸쳐 일어났다.

스코필드는 민족대표 33명 중 한 사람인 이갑성의 부탁으로 3·1 운동의 현장을 촬영하여 해외에 알림으로 '민족대표 34인'이라는 호칭을 얻었다.
스코필드는 만세 운동을 일제에 대한 한국의 저항이요 눈부신 광경이었다고 회고했다.

"한국 전역에서 울려 퍼진 '만세'라는 울부짖음은 한 가지 분명한 뜻이 있는데, 그것은 말살과 동화정책에 대항하는 한국의 저항이었다." - *The Japan Advertiser* 1919. 8. 26

"맨주먹으로 용감하게 그들의 몸도 돌보지 않고, 완강한 제국주의의 권위에 항거하여 자유를 요구하며 일어선 많은 군중을 본 그때의 정경은 나에게는 참으로 잊을 수 없는 눈부신 광경이었다."
- 〈동아일보〉 1962. 3. 2

제암리·수촌리 학살사건

가족을 잃고 넋을 잃은 제암리 모녀

3·1 운동 때 일본군이 화성의 제암리와 수촌리의 주민들을 집단적으로 학살한 사건.
일본군은 1919년 4월 5일에 수촌리 일대를 방화하고 민간인들을 학살했으며, 4월 15일에는 제암리에서 기독교도 및 천도교인 20여 명을 교회로 불러들여 집중 사격 후 교회를 불태웠다.

스코필드는 1919년 4월 18일에 제암리와 수촌리를 직접 방문해 사진을 찍고, 캐나다 선교본부에 학살 만행 보고서를 제출하였다.

"그 마을은 완전히 파괴되어 있었다. 8채 가량의 집이 남아 있었고 나머지 31채와 교회는 바닥까지 모두 불에 타 버렸다. 모든 곳에서 마음을 찢어지게 만드는 광경들을 볼 수 있었다."
"그들이 무엇을 했기에 이처럼 잔인한 심판이 그들에게 닥친 것일까? 그들이 왜 갑자기 과부와 고아가 되어야 하는가? 분명 무언가 잘못되었다." - 제암리 학살 만행 보고서

대한민국애국부인회

대한민국애국부인회 간부들(1922)

대한민국임시정부를 지원하기 위해 1919년에 조직된 여성 항일 운동단체. 대한민국애국부인회는 서울에 본부를 두고 지방에 지부를 조직해 군자금을 모아 상해 임시정부에 보내는 등 활발히 활동하다가 한 간부의 배신으로 김마리아 등 9명이 일제에 기소되었다.

스코필드는 대구형무소에 투옥된 대한민국애국부인회 회원을 방문하여 위로하고 부스럼으로 고생하는 이혜경을 위해 미국제 고약을 구해 차입해 주었다.

"바쁜 틈을 내어 다리가 불편한 스코필드 박사가 멀리 대구까지 온 이유는 젊은 애국여성들의 기개를 북돋고 신상을 보살펴 조금의 불편이라도 덜어주기 위한 의협심의 발로였다. 그는 이혜경의 만신창을 이룬 부스럼을 보고 상경하여 즉시로 귀한 미국제 고약을 일부러 사람을 통해 차입해주었다." - 〈3·1항쟁실사〉

2. 해방 이후

2·4 정치파동

민권사수 구호가 적힌 유인물을 뿌리는 민주당원

1958년 12월 24일 이승만 대통령 시절 자유당 정권이 국회에서 야당 의원들을 폭력으로 몰아낸 가운데 새로운 〈국가보안법〉을 비롯한 여러 법안들을 통과시킨 사건.

1958년 8월 20일 정부 초청으로 한국을 다시 방문한 스코필드는 크리스마스 이브에 차를 타고 국회의사당을 지나던 중 무장한 경찰을 보고 당시의 상황이 1919년 한국의 상황과 똑같다며 슬픔을 드러냈다.

"별안간에 등장한 공공연한 위협책이다. 나는 국회의사당 주변에서 경찰관들이 무장을 하고 있는 것을 보고 놀랐다. 이 광경을 보고 나는 1919년에 목도한 공포를 뚜렷하게 회상하였다. 공산군대의 위협 아래서 이와 같은 방법으로 서로가 위협적인 행동을 취하는 것이 현명한 짓인가? 그와 같은 무장경관이 정부와 국민 사이의 신임의 상징인가?" - 〈한국일보〉 1959. 1. 3

스코필드와 한국 근·현대사

4·19 혁명

4월 19일 시민들의 시위 모습

1960년 4월 19일 국민들이 3·15 부정 선거를 통하여 영구집권을 기도한 이승만과 자유당 정권에 반대한 시위.
3월 15일 마산에서 시작된 시위는 전국으로 확산되었고, 이로 인해 이승만은 대통령직을 포기하는 하야 성명을 발표하였다.

스코필드는 4·19 혁명이 부정과 독재에 실망한 백성들의 분노의 폭발이며, 3·1 독립운동 정신의 부활이라고 표현했다.

"한국민족의 혼은 아직도 학생들 속에 살아 있음을 발견한다. 오늘 우리는 위대한 승리를 축하하게 되었다. 이 승리란 독재· 부패· 잔인성 그리고 악이라는 추한 부류에 속하는 다른 모든 요소에 대한 의와 용기 그리고 자유의 승리인 것이다."
- 〈동아일보〉 1960. 4. 28

5·16 군사정변

5·16 군사정변 직후 박정희

1961년 5월 16일 박정희를 중심으로 한 군부 세력이 4·19 혁명 이후 출범한 장면 내각을 무너뜨리고 군사정부를 세운 사건.

스코필드는 5·16 군사정변을 한국을 위한 최후의 기회라고 하였고, 정의가 없는 사이비 민주주의보다 군정의 개혁을 반겼다. 그러나 이후 박정희 정권의 부패와 독재에 관해서는 과감한 비판을 가했다.

"사이비 민주주의에 대치될 수 있는 것은 오직 공산주의와 군정이었다. 군정은 최소한 한 올의 희망을 주는 것이며, 이러한 희망은 지금 한국에서 나날이 밝아지고 있다. 지금 국민은 신정부를 신뢰하고 있다. 그러나 만일 그들이 다시 한 번 실망하는 날에는 만사가 끝나는 것이다. 이것은 우리 최후의 희망이요, 최후의 기회인 것이다." - 〈경향신문〉 1961. 6. 15

"워커힐과 증권 시장에 관련된 최근의 추문에 비추어 볼 때, 이제 더 이상 군사정부는 깨끗하고 정치인들은 부패하였다고 말할 수 없다." - 〈동아일보〉 1963. 3. 23

한일 국교정상화

한일 국교정상화 반대 시위

1948년 대한민국 정부 수립 후 한국과 일본 양국은 외교의 정상화를 위해 1952년 1월 제1차 회담을 시작으로 14년 동안 6차례에 걸쳐 개최한 한일회담 끝에 국교정상화를 이루었다. 이 과정에서 국민들은 대일청구권문제, 어업문제, 문화재 반환문제 등에서 우리 측이 지나치게 양보하는 굴욕적인 협상을 했다고 반대투쟁을 벌였다. 그러나 정부는 1965년 6월 22일 비밀리에 한일기본조약을 체결하였다.

스코필드는 한일 국교정상화 이후 일본의 경제 침략을 우려하면서도 국내의 부패를 막고 건강한 대한민국을 만드는 것이 무엇보다 중요하다고 강조했다.

"양국관계가 정상화하여 일대일의 실력 대결로 맞선 이상 적극적인 참여의식과 주체적 자세의 확립이 중요하다."

-〈조선일보〉 1966. 3. 2

"한국은 일본으로부터 받아들인 돈을 과거 정권 때처럼 사치나 허영에 털어 넣지 않고 올바른 일에 써 주길 바랄 뿐이다. 이것이 한일회담에 대한 나의 유일한 걱정거리이다."

-〈서울신문〉 1965. 3. 30.

삼분폭리사건

밀가루 · 雪糖 · 시멘트

三粉수수께끼

疑惑의 밑바닥을 캐본다

製粉

설탕·밀가루·시멘트를 생산하는 이른바 삼분三粉재벌이 가격조작과 세금 포탈 등을 통해 엄청난 폭리를 취하도록 묵인해준 대가로 공화당정권이 거액의 정치자금을 챙긴 사건.

1964년 1월 15일 야당 원내교섭단체인 삼민회 대표 박순천 의원이 국회에서 폭로함으로써 일반에 알려졌다.

스코필드는 경제사범의 특별한 처리를 주장했으며, 막대한 부정 이득을 취한 기업가의 행위를 반민족적이고 비애국적인 행위라고 규탄했다. 또한 스코필드는 박정희 대통령에게 사건의 전모를 밝혀 줄 것을 부탁했다.

"나는 부당 이득자는 감옥으로 보내야 한다고 주장한다. 지금 온 국민이 못 살겠다고 아우성을 치고 있는데 자기 혼자 막대한 부정 이득을 취한 나머지 우리나라의 경제를 파괴하고 민생을 도탄 속에 빠뜨렸으니 민족적 양심이 이를 용납할 수 없을 것이다."

-〈경향신문〉 1964. 2. 25

스코필드가 만난 사람들

여병현(1867-1920)

1867년 황해도에서 태어난 여병현은 일본에서 유학하던 중 미국으로 건너가 5개월 동안 공부하고, 영국으로 건너가 3년 반 동안 런던의 클리프 대학Cliffe College에서 공부했으며, 깁손Gibson교회에 출석하며 예수를 영접했다. 1899년 귀국하여 배재학당에서 영어선생으로 근무했으며, 1903년 황성기독교청년회YMCA의 창립을 도왔다.

스코필드와의 인연

스코필드는 아홉 살 때, 아버지가 근무하는 영국 클리프 대학Cliffe College에서 한국에서 온 유학생 여병현을 만나 한국이라는 이름을 처음으로 접했다.

올리버 에비슨(1860-1956)

1860년 영국 요크셔주에서 출생한 후 1866년 캐나다에 이민을 온 올리버 에비슨Oliver R. Avison은 토론토대학 약학대학과 의과대학에서 공부했다. 호레이스 언더우드Horace G. Underwood의 권유로 한국에 건너와 의료선교사로 활동한 그는 고종황제의 시의를 겸해 제중원에서 의료활동을 시작했다. 1916-1934년까지 연희전문학교 교장으로 일했으며, 서울에 고등교육 기관을 설립하고자 했던 언더우드를 도와 1915년 경신학교 대학부를 개교하면서 한국의 고등교육에도 기여하였다.

스코필드와의 인연

스코필드는 한국에서 사역하던 에비슨에게서 한국선교 요청을 받아 1916년에 한국에 오게 되었다. 스코필드는 오래 전부터 에비슨을 존경하고 있었으며, 에비슨은 토론토대학의 여러 지인들의 추천을 받고 스코필드에게 세브란스행을 적극 요청했다.

노순경

황해도 송화 사람으로 1919년 12월 2일 세브란스병원의 간호사로 근무하던 중 서울 훈정동 대묘 앞에서 만세시위를 전개했다. 그는 독립운동가 노백린 장군의 차녀로 평소에 항일의식을 길러왔다. 그녀는 20여 명의 동지들과 함께 태극기를 제작하여 일제 총독부에 정면으로 대항하는 독립만세 시위를 일으키다 현장에서 체포되어 징역 6개월을 선고받아 옥고를 치렀다.

스코필드와의 인연

노순경은 세브란스병원 간호사로 평소에 스코필드 박사를 무척 따랐다. 스코필드는 만세 시위로 서대문 형무소에 수감된 노순경을 자주 찾아가 돌보았다.

이상재(1850-1927)

1850년 충청남도 한산에서 태어났으며, 호는 월남月南이다. 1896년 서재필, 윤치호 등과 함께 독립협회를 조직하고 민중 계몽운동을 하였다. 1905년 이후 윤치호와 함께 YMCA를 지도하였으며, 1920년대 〈조선일보〉 사장과 신간회 회장을 역임 하였다. 1903년 옥중에서 기독교를 접했으며, 신자가 되었다. 1927년 3월 29일 숨을 거뒀으며, 4월 7일 서울에서 처음으로 '사회장'이라는 이름으로 장례가 치러졌다.

스코필드와의 인연

스코필드는 평소 나라를 소중하게 여기고, 민족을 사랑하는 사람들과 가깝게 지냈는데, 특히 이상재에 대해서는 "청년 여러분이 이상재 씨와 같이 되신다면 조선의 위인이 되실 것입니다."라고 말할 정도로 그를 존경했다.

김정혜(1868-1932)

경기도 연천 출신으로 유복한 집안에서 태어났다. 열한 살 때 양반집 외아들 김영종에게 출가하였으나, 결혼한지 3년만인 14살에 과부가 되었다. 기독교가 개성에 들어왔을 때, 예수를 믿게 되었으며, 개성북부교회에서 세례를 받은 후, 과부출신으로 전도부인과 교사로 활동하고 있던 어윤희와 친구가 되었다. 1906년 크램W. G. Cram부인과 송계학당을 세워 과부와 기혼 여성들을 교육하는데 힘썼으며, 정화여학교를 설립하여 개성에서 어린이 교육을 시작하였다. 한일합병 후 일제의 위협에서도 학교를 지켜 나갔고 자신의 재산으로 학교재정을 운영하였다.

스코필드와의 인연

스코필드가 양어머니로 모시며 인연을 맺었다. 스코필드와 함께 장학사업을 실시하였다.

이경지(1897-1980)

1897년 개성에서 태어난 이경지는 미션스쿨인 미리흠여학교에서 교편을 잡았으나, 일제로부터 교육자 정권처분을 받아 면직을 당했다. 일본과 중국에서 교육을 받고 귀국하여 3·1 운동으로 투옥됐다가 30일만에 풀려났다. 한국전쟁 이후 봉은보육원을 설립하여 전쟁으로 고아가 된 아이를 돌보는데 힘썼으며, 1967년 장한 어머니 상을 수상하였다. 1970년에는 자신의 전 재산을 기증하여 부족한 서울 시내의 학교 교실을 짓는데 힘썼다.

스코필드와의 인연

연희전문학교 학생 신봉조를 통하여 이경지를 알게 된 스코필드는 수양 어머니 김정혜의 힘을 빌어 이경지를 도쿄로 유학보냈다.

스코필드가 만난 사람들

이갑성(1886-1981)

경상북도 대구 출신으로 1919년 청년층을 대표하여 3·1 운동 민족대표 33인의 한 사람으로 민족독립 선언서에 최연소자로 서명하였다. 세브란스 의학전문학교를 비롯한 각급 학교의 시위운동을 주도하고 태화관을 중심으로 한 민족대표의 서명운동과 전단 살포의 중책을 맡아 활동하다가 체포되어 2년 6개월 형을 선고 받고 옥고를 치렀다. 1926년 YMCA의 이사를 맡아 청년들을 지도하였으며, 상해上海로 망명하여 계속 독립운동에 헌신하였다.

스코필드와의 인연
스코필드는 이갑성으로부터 3·1 운동 현장사진을 찍어달라는 부탁을 받았다.

유관순(1902-1920)

1902년 12월 16일 충남 천안에서 태어난 유관순은 이화학당 재학시절 '이문회'라는 조직에 속한 학생들과 함께 파고다공원 시위에 참여했다. 총독부가 휴가령을 내리자 고향으로 내려와 병천 만세운동을 전개하였고, 현장에서 체포되어 천안 헌병대에 송치되었다. 1차로 공주법원에서 5년 형을, 이어 항소를 통해 경성복심법원에서 3년 형을 받은 유관순은 3·1 운동 1주년 옥중시위 때에 얻은 병으로 1920년 9월 28일 감옥 안에서 순국했다.

스코필드와의 인연
스코필드는 노순경을 만나기 위해 형무소를 방문했을 때, 여자감방 8호실에서 유관순을 만났다.

이완용(1858-1926)

경기도 광주군에서 태어난 이완용은 육영공원에서 영어를 배운 후 공직에 올라 미국공사관, 내무대신 등을 역임했다. 아관파천과 러일전쟁을 겪으면서 친일파로 변신한 이완용은, 을사늑약 체결을 주동하면서 '을사오적'의 우두머리가 되었다. 이완용은 경술국치를 본격적으로 추진하여 1910년 8월 16일 '한일병탄조약'의 내용을 마무리 지은 후, 8월 22일 어전회의 절차를 걸쳐서 "한국 황제는 한국 전부에 관한 일체의 통치권을 완전히 또 영구히 일본국 황제에 양여한다."는 조약을 조인하여 매국의 원흉이 되었다.

스코필드와의 인연
스코필드는 제암리와 수촌리를 방문한 후 수원에서 서울로 오는 기차 안에서 이완용과 조우하였다. 이완용이 "내가 예수를 믿으려면 어떻게 하면 되오?"라고 묻자, 그는 "이천만 국민에게 사죄한 후에야 하나님을 믿을 수 있습니다."라고 대답했다.

어윤희(1880-1961)

1880년 6월 30일 충북 충주군 선비 어현중의 무남독녀로 출생하였으며, 결혼한지 3일만에 남편은 동학군이 되어 집을 나가 전사했다. 개성북부교회에서 예배에 참석했다가 감명을 받아 기독교인이 되었으며, 호수돈여학교를 졸업하고 남감리회 전도부인으로 헌신하였다. 개성만세시위는 어윤희를 중심으로 추진되었으며, 그녀는 2천여 매의 독립선언서와 격문을 인쇄하고, 태극기 등을 제작하였다. 일본경찰에 연행되어 서대문 형무소 8호 감방에 수감된 그녀는 1년 6개월을 선고받았다. 감방이 기도방이 되어 민족과 독립운동을 하는 독립투사를 위해 기도하였고, 특히 1920년 3월 1일을 기념해 만세운동을 벌여 더욱 심한 고문을 당했다.

출옥한 어윤희는 개성북부교회 전도부인으로 파송받아 전도활동과 더불어 항일 민족운동을 전개하여 민족계몽과 교육사업을 추진하였으며, 1937년에는 유린보육원을 설립하였다.

스코필드와의 인연

스코필드가 노순경을 만나기 위해 형무소를 방문했을 때, 여자감방 8호실에서 처음 어윤희를 만났다. 스코필드는 어윤희가 유린보육원을 설립하고 운영하는데 지속적인 도움을 주었다. 스코필드는 3·1운동 때 직접 보고 느낀 것을 자세히 기록해 두었는데, 어윤희의 모습에 감명을 받아 원고의 제목을 '끌 수 없는 불꽃'이라고 지었다.

김마리아(1892-1944)

1892년 6월 18일 한국 개신교의 요람이라 할 수 있는 황해도 소래에서 출생한 김마리아는 기독교 사상에 근거한 정의감과 항일투쟁의식을 발전시키며 여장부로 성장하였다. 소래학교를 졸업한 그녀는 서울로 올라가 정신 여학교를 졸업하고, 광주 수피아여고 교사를 거쳐 자신이 한때 공부한 정신여학교 교사로 자리를 잡았다. 이후 그녀의 삶은 열정적인 학업, 독립운동, 여성 항일운동으로 규정되는 뚜렷한 길을 걸었다. 김마리아는 1919년 10월 19일 기존 여성조직을 재정비해 대한민국애국부인회를 결성하고 회장에 취임하여 여성들의 적극적인 항일운동을 모색했다. 그녀는 부인회를 전국적인 조직으로 확대하고, 항일운동에 더욱 적극적으로 나설 것과 대한민국임시정부와 더 긴밀히 협조할 것을 촉구했다. 그런데 얼마 되지 않아 회원 오현주의 배신으로 조직이 탄로가 나서 관련자들이 모두 체포되었다.

스코필드와의 인연

스코필드는 노순경을 만나기 위해 형무소를 방문했을 때, 여자감방 8호실에서 김마리아를 만났다.

지도와 통계로 보는 3·1 운동

1919년 3월 1일 민족대표 33인이 서울 종로 태화관에 모여 독립선언서를 낭독하고, 서울 탑골공원에서는 학생들이 중심이 되어 "만세!"를 외치며 한국의 독립을 외쳤다. 고종의 장례식에 참석하기 위해 전국 각지에서 올라온 사람들이 만세 운동에 참여하면서 시위는 전국으로 확산되었다.

전국에서 약 2백만 명이 만세운동에 참가하였고, 1919년 6월 30일에 체포된 9,458명 중 22%인 2,087명은 기독교인이었다.

3·1 만세 운동 지역별 참가 인원

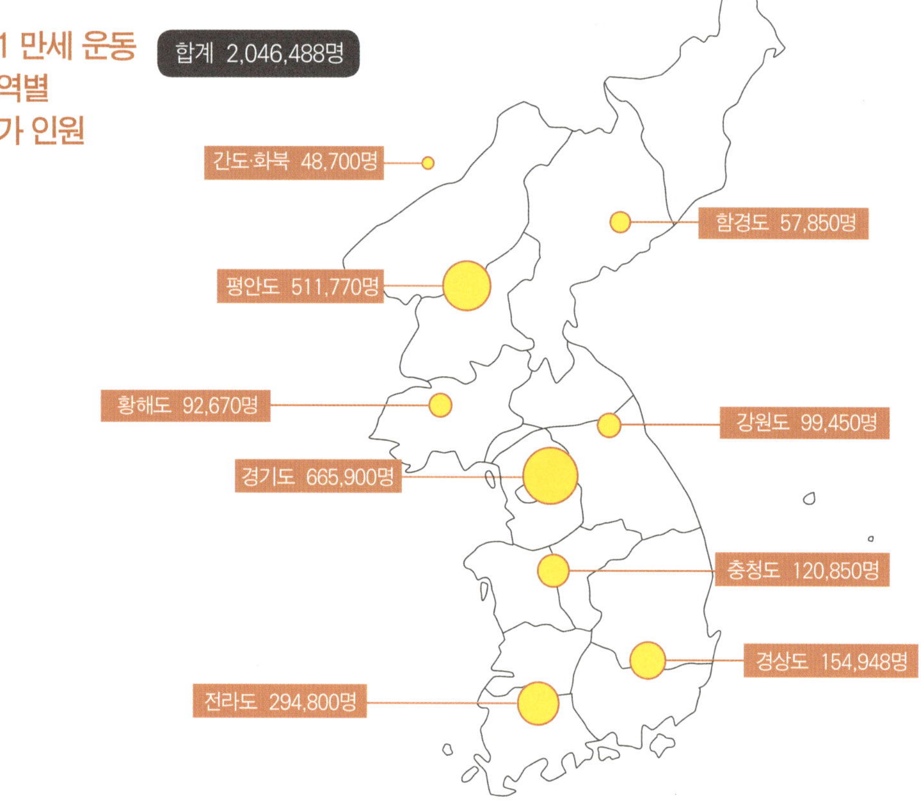

*박은식, 《한국독립운동지혈사》, 소명출판, 2008.

3·1 운동 당시 수감자의 직업 분포

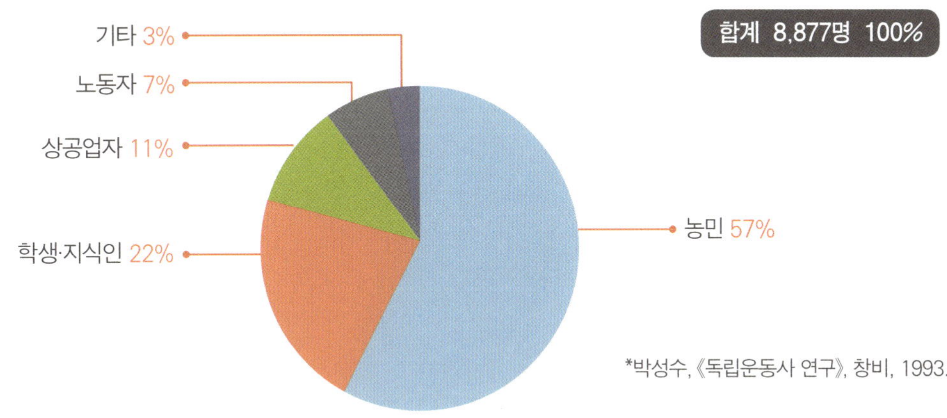

*박성수, 《독립운동사 연구》, 창비, 1993.

3·1 운동의 규모와 피해

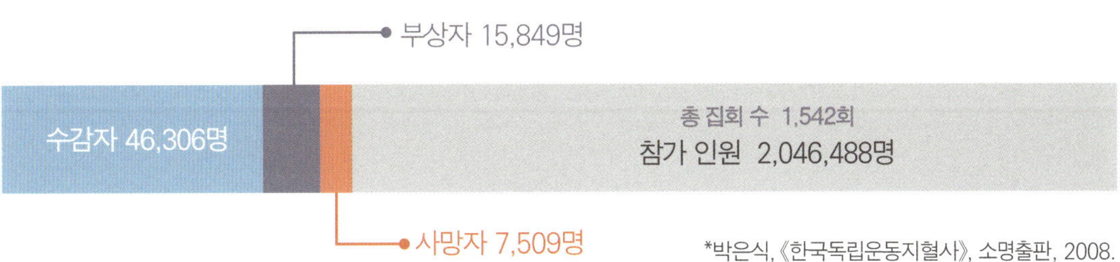

*박은식, 《한국독립운동지혈사》, 소명출판, 2008.

3·1 운동과 기독교

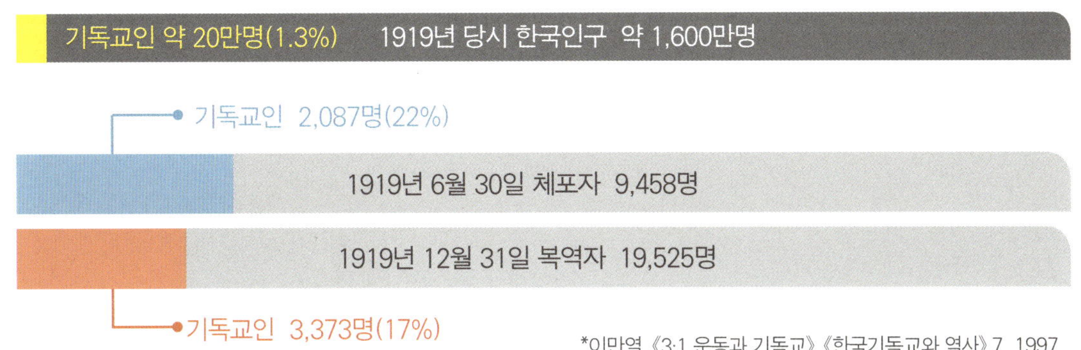

*이만열, 《3·1 운동과 기독교》, 《한국기독교와 역사》 7, 1997.

화성시 대표적인 3·1만세 운동

화성시 3·1 만세로

송산면 시위
(1919.3.26)
(노구치 처단)

송산면

제암감리교회
1919.4.15(제암리)

발안만세운동
1차: 1919.3.31
2차: 1919.4.5

발안리

제암리

화수리 주재소 습격
화수리 만세운동(4.3)
1919.4.11(화수리)

화수리

수촌교회
수촌리 만세운동(1919.4.3)
1919.4.5(수촌리)

수촌리

우정읍

우정읍사무소 습격

병점역

— 일본군 습격일
— 조선인 주체 시위
— 지역교회

화성 송산면 사강리 3·1 운동

'3·1 운동의 성지'로 알려진 화성시의 3·1 운동은 1919년 3월 26일 송산면 사강리를 시작으로 전 지역에 확대되었다. 사흘에 걸쳐 송산면사무소 앞, 사강리 장터, 송산면사무소 뒷산에 이르기까지 700여 명이 참여하였고, 만세시위를 진압 나온 수원경찰서 노구치野口廣三 순사부장이 홍면옥을 총으로 쏘아 중상을 입혀, 이에 격분한 시위자들에 의해 처단되었다. 이에 대해 일제는 대대적인 검거작업을 벌이고 사강리, 육일리, 봉가리, 삼존리 등의 마을 전체에 불을 질러 초토화하는 만행을 저질렀다.

송산면사무소 터

화성 우정읍 - 장안면 3·1 운동

서울에서 은밀히 준비하고 있던 3·1 운동의 소식을 들은 화성시 출신 안종후(향남면 제암리), 백낙열(장안면 수촌리), 김성렬(팔탄면 고주리) 등은 상경하여 탑골공원에서 3·1 운동에 참여하였다. 이후 그들은 고향으로 돌아와 비밀리에 독립운동 준비에 착수하였는데, 각자 지역을 맡아 청년들과 거사를 협의하였다.

■ 발안장터 1차 시위 (3월 31일)

1919년 3월 31일에 제암리, 수촌리, 고주리 등의 주민 1,000여 명으로 구성된 시위대는 장날을 맞이해서 장터를 돌며 독립만세를 외쳤다. 시위대는 일본인 상점과 가옥, 일본인이 다니던 소학교 등에도 돌을 던지고 불을 지르기도 하였다.

발안장터

■ 우정읍-장안면 봉화시위 (4월 1-2일)

4월 1일 밤 7시에는 발안장터 주변인 고주리의 천덕산, 제암리 진례산, 가재리 당제봉 등 80여 개소에 봉화를 올려 시위를 벌였다.
"높은 산들이 불길로 꽃밭을 이룰 때 목이 터져라 외치는 독립만세 소리에 산이 흔들리는 것 같았고, 그 절규는 함정에 빠져 맹수가 구원을 요청하는 처절한 울부짖음 같았다." -고주리 현병기의 증언(당시 34세)

■ 우정읍-장안면 시위 (4월 3일)

4월 3일 새벽 4시 백낙열은 "조선독립만세, 수원군 장안면 수촌리"라고 적힌 깃발을 들고 수촌리에서 시작하여 주민을 동원했다. 주곡리, 석포리, 화수리 등을 거치면서 500여 명의 시위대가 집합했다. 이들은 장안면사무소, 장안면과 우정읍의 쌍봉산, 우정읍사무소를 거쳐 화수리 경찰관 주재소까지 이동하면서 "독립만세운동"을 외쳤다. 이날 모인 인원은 2,000여 명에 이르렀다.

■ 발안장터 2차 시위 (4월 5일)

4월 5일 12시 경 이정근, 이봉구, 김흥렬, 안정옥 등의 주도하에 팔탄면, 장안면, 향남면 주민 800-1,000여 명의 시위대가 발안장에 모여 만세를 부르고, 주재소로 몰려가 돌을 던졌다. 일제 경찰은 시위대를 향하여 총격을 가하고, 칼을 휘둘렀다. 이에 이정근·김덕용 등은 칼에 맞아 죽고, 홍원식, 김성렬, 안진순, 안봉순, 이봉구 등은 체포되었다.

화성시 대표적인 3·1만세 운동

일제의 피의 보복

수원 지역의 대대적인 탄압

일제는 52개 마을에서 328채의 가옥을 방화하고, 47명의 목숨을 빼앗았다. 이때 한국인 17명이 부상을 당하고, 442명이 검거되어 갖은 고문을 당했다.

수촌리 학살 사건

4월 4일 새벽, 일본군 1개 소대가 화수리, 한각리, 조암리 등을 수색하다가 수촌리 반장 이봉구가 들고 있던 깃발, "조선독립만세, 수원군 장안면 수촌리"를 발견하고, 장안면-우정읍 시위 주도를 수촌리로 단정하였다. 이에 4월 5일 새벽 3시 수촌리를 포위하고 집집마다 불을 놓으면서 집에서 빠져 나온 사람에게는 총을 난사하였다. 4월 7일까지 포박하여 고문한 주민이 200여 명, 방화하여 불탄 가옥이 42채 중 38채였다.

일제의 만행으로
폐허가 된 수촌리

제암리 학살 사건

4월 13일 일본군 제 20사단 보병 제79연대 중위 아리다有田俊夫 중위는 삼괴지역 독립운동의 근원을 제암리의 천도교인과 기독교인이라 확신하고, 4월 15일 오후 3시 제암리를 포위했다. 15세 이상 남자들을 교회에 소집한 후 사살, 방화하여 23명이 죽었고, 마을 가옥 방화로 33채 중 31채가 불탔다.

평화롭던 제암교회와
폐허가 된 제암리

스코필드와 화성시

1919년 4월 17일

제암리·수촌리의 학살소식

“4월 17일 목요일에 어떤 외국인이 엄청나게 잔인하고 비극적인 일이 수원에서 남쪽으로 50리 가량 떨어진 작은 촌에서 일어났다는 소식을 서울로 가져왔다. 이 이야기는 너무나 잔혹해 사실이 아닐 것만 같았고, 만약 사실이라면 매우 심각한 문제였기 때문에 나는 개인적으로 그곳을 방문해 그 이야기를 확인해야겠다고 결심했다.”

4월 18일

제암리 방문

“나는 기차를 타고 수원까지 가서 거기서부터 마을의 몇 킬로미터 안까지는 자전거를 타고 들어갔다. 일본 당국이 현장 방문을 완강히 반대할 것을 예상한 나는 그 마을 가까이에 있을지 모를 경찰서와 헌병대를 피해 산길을 넘어 몇 킬로미터를 돌아가는 방법으로 파괴된 마을 안에 도착할 수 있었다.”

“그 마을은 완전히 파괴되어 있었다. 8채 가량의 집이 남아 있었고 나머지 31채와 교회는 바닥까지 모두 불에 타 버렸다.”

현장 사진 촬영

“마을 안으로 들어갔는데, 놀랍게도 조사를 진행하고 있는 한 무리의 정부 관료, 군인, 그리고 민간인들을 발견하였다. 이들 몇몇 관료들과 이야기를 나눈 후 나는 마을을 좀 더 자세히 조사하고 사진을 찍을 수 있도록 허락을 받았다.”

수촌리 방문

“수촌리는 어여쁜 작은집들이 모여있는 아름다운 마을이었는데, 어둡고 잔인한 일본군의 손자국이 아름다운 경관에 짙게 배겨 있었다. 좁은 골목길들은 잿더미로 쌓여있고, 42채의 오두막집 중에서 8채만이 남아있었다. 몇몇 나이 든 여성들은 자신의 몇 안 되는 물건들 옆에 앉아 있었는데, 슬픔이 그들을 압도했고, 그들은 축 늘어진 채로 무감각했다.”

4월 25일

학살 보고서 작성

1962년 3월 21일

스코필드 박사 수촌리 방문, 환영식 거행

THE MASSACRE OF CHAI-AMM-NI.

REPORT OF SOME ATROCITIES COMMITTED BY THE JAPANESE

Military and Police in suppressing the Korean Nationalists.
(Investigated by Dr. Frank W. Schofield)

Ever since the Declaration of Independence by the Korean People on March 1st 1919, the local government has used methods of extreme severity and cruelty in dealing with the nationalists. The acts of the police and soldiers became progressively more atrocious culminating in the massacre at Chai-Amm-Ni mentioned in this report. These methods which consists of threatening arresting, beating, torturing, bayoneting, shooting, and burning alive have proved to be most successful from the government stand point as quiet and order have apparently been restored.

Mansei may not be shouted again for fifty years, but Mansei never, except perhaps at some state function when the lips but not the heart may make the empty sound. The object has been to terrorise the people, and this has been achieved as completely by the Japanese police and soldiers in Korea as it was by the Huns in Belgium. In both cases the results have been the same, a surface calm covering a violent tempest that almost destroys both body and soul of the one who has to thus restrain it.

THE MASSACRE OF CHAI-AMM-NI, SUWON.

On Thursday, April 17th, news was brought to Seoul by certain foreigners that a most terrible tragedy had occurred in small village some 50 [illegible]

대표적인 화성시 기독교 역사와 유적

화성시는 남양교회, 제암교회, 수촌교회, 사강교회 등을 비롯하여 100년 이상 된 교회가 10여 개가 넘을 만큼 복음의 역사와 전통이 살아 숨쉬는 곳이다. 화성시 교회는 화성시가 '3·1 운동'의 성지가 된 데에도 큰 역할을 감당했다.

화성시 기독교는 육로 교통이 발달하지 않았던 조선시대에 해로를 통해 전파 되었는데, 인천 내리교회 목사였던 조지 존스George H. Jones, 조원시의 영향이 컸다. 1888년 5월에 미감리회 소속 선교사로 한국에 온 존스는 서울의 배재학당에서 교사로 활동하던 중 1892년 6월 내리교회 책임자로 임명되어 인천과 강화, 그리고 경기도 남양 및 황해도 일대의 선교활동을 담당했다. 그는 화성 지역에 자신에게 세례를 받은 복정채(1856-1907) 권사를 파송해 예배를 인도하도록 하고, 본인은 화성을 오가며 교회와 성도들을 돌보았다.

화성지역 교회와 성도들은 일제강점기에 신앙을 지키며, 만세운동이 일어났을 때에도 중추적 역할을 감당했다. 이로 인해 일제의 보복과 학살의 대상이 되어 마을과 교회가 파되되고 주민이 살해당하는 참사를 겪었다.

1. 제암리 3·1 운동 순국유적지

화성시 3·1 운동의 열정과 아픔이 고스란히 담겨 있는 제암리 3·1 운동 순국유적지 입구에는 제암리와 고주리 학살 당시 순국한 사람들을 기리는 기념탑과 조형물이 있다. 안쪽으로는 제암교회와 제암리 3·1 운동 순국기념관이 나란히 자리하고 있다. 제암리 3·1 운동 순국기념관에서는 화성 3·1 운동과 학살 사건 뿐만 아니라 전국적으로 일어난 3·1 운동과 관련 영상을 볼 수 있다.

제암리 3·1 운동 순국기념관

경기도 화성시 향남읍 제암리 392-2

031-353-1663 / http://jeamri.hsuco.or.kr

관람시간 3월-10월(09:30-18:00), 11월-2월(09:30-17:00)

(1월 1일, 설날, 추석, 매주 월요일 휴관)

2. 수촌교회

수촌교회는 1919년 화성시 우정읍과 장안면에서 기독교와 천도교 교인들이 중심이 되어 일어난 3·1 운동을 준비한 곳이다. 3·1 운동의 주모지가 수촌리임을 확신한 일제는 4월 5일 마을을 포위하고 가옥에 불을 지르고, 주민을 학살하였다. 가옥과 함께 수촌교회도 전소되었는데, 1922년 선교사 아펜젤러Alice R. Appenzeller와 노블Mattie W. Noble의 도움으로 새로 건립되었다. 1932년 지금의 위치에 초가 형태로 수촌교회가 이전하였고, 현재의 교회 옆에 그 형태를 복원하였다.

경기도 화성시 장안면 수촌리 674
031-351-2161

3. 남양감리교회와 이필주

남양 지역의 기독교는 인천 내리교회 조지 존스을 통한 전파와 남양 출신으로 청에서 성경을 공부하고 돌아 온 죽산군수 김홍수의 영향으로 시작되었다.

남양교회는 1899년 서울에서 아펜젤러에게 전도를 받아 신앙 생활을 하던 홍승하의 족조族祖인 홍사두의 기와집을 수리하여 예배소로 사용한 것을 시작으로 본다. 당시 남양교회는 존스 선교사가 제물포에서 파송한 복정채가 주로 예배를 인도하였고, 존스 선교사가 순회 지도하였다.

남양감리교회는 110년이 넘는 역사도 자랑거리이지만, 민족대표 33인 중 한 사람인 이필주가 담임목사(1934. 3-1942. 4)로 사역하였다는데 큰 자부심이 있다. 이필주는 일제시대에 교역활동뿐만 아니라 신사참배와 창씨개명을 거부하는 등의 항일투쟁도 병행하였다. 교회 앞에는 이필주 목사를 기리는 기념비가 세워져 있다.

경기도 화성시 남양동 557
031-356-1497 / http://www.nych.kr

4. 옛 발안장터

1919년 3월 31일과 4월 5일 장날을 이용해 두 차례에 걸쳐서 3·1 운동이 일어났던 곳이다. 향남면 주민 등 1,000여 명이 넘는 만세 시위자들이 "대한독립만세!"를 외쳤던 장소로 현재는 발안교 서측 천변에는 주차장이 조성되었고, 주차장 옆으로는 민가들이 들어서 있다.

경기도 화성시 향남읍 발안리 92-1
031-369-2811

5. 남양성모성지

남양성모성지는 병인박해(1866) 때 많은 순교자가 죽어간 곳이다. 박해 당시 남양 포교들이 잡아들인 천주교인들 중 양반은 서울이나 공주로 연행되어 재판을 받고 처형당하였으나, 신분이 낮은 신자들은 남양부사의 재량으로 지금의 성모성지 자리에서 처형되었다.

우리나라 최초이자 유일한 성모마리아 순례성지로 선포된 남양성모성지 앞쪽에는 소나무가 하늘을 향해 힘껏 뻗어있고, 성지의 양편과 뒤쪽에는 나지막한 동산들이 감싸듯 둘러싸여 있다.

경기도 화성시 남양읍 남양리 1704
www.namyangmaria.org

6. 제부모세

제부도는 하루 두 차례씩 바닷길이 열리는 '모세의 기적'이 일어나는 곳이다. 썰물 때면 4-5m 깊이의 바닷물이 빠져나가 바닷 속 2.3km의 시멘트 포장 길이 모습을 드러낸다. 면적 1km²에 해안선 길이도 12km에 불과한 제부도는 동쪽에는 마을이, 북쪽에는 작은 포구가 있는데 포구 주변은 대부분 갯벌로 둘러싸여 있다.

경기도 화성시 서신면 제부리 30-6
http://jebumose.invil.org / 031-357-3808

7. 화성지역 3·1 운동 추모행사

화성시는 매년 3월 1일이 되면 1919년 자신의 몸을 돌보지 않고, 일제의 억압과 핍박에 저항하다 학살당한 화성 지역의 자랑스러운 선조들을 추모하는 행사를 가진다. 이날 행사에서는 기념식 후 향남면사무소-발안시내-제암리까지 1.5km 구간에서 "독립만세" 재현행사가 있다. 그리고 일제의 만행사건을 재현한 연극 등이 펼쳐진다. 제암교회에 마을주민 20여 명을 가두고, 불을 지르고 총격을 가하는 재현 연극은 그날의 아픔을 고스란히 느끼게 해 관람객들을 숙연하게 한다. 1천 5백여 명이 참여하는 이 행사는 화성시장을 비롯하여 화성지역의 남녀노소가 다 함께 참여하여 화합의 장을 이루는 화성시 대표 행사이다.

8. 화성 3·1 운동 기념비

1. 제암리 3·1 독립운동기념비

화성시 향남읍 제암리 479-10, 제암리 유적지

3·1 운동에 참여한 후
제암리 학살 사건으로 순국한
제암리와 고주리 주민을 기리기 위한 비

2. 송산면 3·1 독립운동기념비

화성시 송산면 사강리 701,
송산초등학교 내

송산면 주민들의 3·1 운동을
기념하기 위한 비

3. 송산면 3·1 운동 기념탑

화성시 송산면 사강리 558-4,
송산 3·1 운동 공원

송산면 사강시장에서 일어났던
3·1 운동을 기리기 위한 탑

4. 화수리 3·1 독립운동기념비

화성시 우정읍 화수리 844-4

우정읍 화수리와
장안면 수촌리 등지에서
전개되었던 독립만세운동을
기념하기 위하여 세운 비

5. 수촌리 3·1 독립운동기념비

화성시 장안면 수촌리 660-6

3·1 운동 당시
만세운동에 참여했던
장안면 수촌리 주민들과
이들을 위로하고,
이 소식을 세계에 알린
스코필드의 고귀한 정신을
기념하기 위한 비

6. 우정읍 3·1 독립운동 순국지사 추모비

화성시 우정읍 화산5리 산13-11

우정읍 화산리 3·1 운동
순국지사를 추모하기 위한 비

7. 서신면 3·1 독립운동기념비

화성시 서신면 상안리 419

상안리 이원행이 중심이 되어
일제에 항거한 서신면민의
3·1 운동을 기념하기 위한 비

8. 발안 3·1 독립운동 기념탑

화성시 향남읍 장짐리 241-6

화성 지역 봉화시위 후
발안장터에서 일어난
3·1 운동을 추모하기 위한
기념탑

버박 코리아 Virbac Korea

Virbac Korea는..

프랑스에 본사를 두고 있는 버박(Virbac)은 동물용 의약품만을 전문으로 판매하는 세계적 기업이다. 30여 년의 비교적 짧은 역사를 지니고 있지만, 버박코리아를 포함해 23개국에 자회사가 설립되어 있으며, 100개국 이상에서 판매활동을 펼치고 있다.

버박의 한국 지사로 1997년 설립된 버박 코리아는 1982년 설립된 조양축산상사를 모체로 하고 있으며, 양축 및 반려 동물 분야에 보다 우수한 제품과 선진 기술을 보급하기 위해 끊임없이 정진하고 있다.

"동물은 폭이 넓다. 반려동물에 사람들의 관심이 치우쳐 있지만, 산업동물(소, 말, 돼지 등) 분야도 수의사가 많이 필요하고, 함께 연구하다 보면 특성화 되어 더욱 발달할 수 있다." 라는 소신을 가지고 있는 신창섭 대표는 수의사이자 동물제약 분야 전문가로서 국민건강에 힘쓰고 인간과 동물의 관계, 동물 복지에 관심이 많아 사회적으로 기여하기 위해 노력하고 있다.

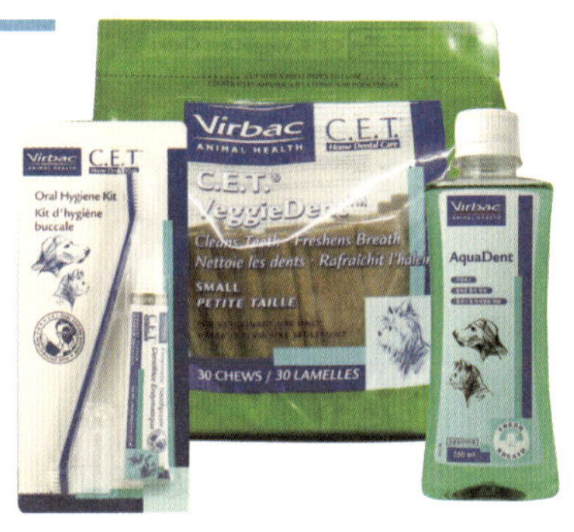

특허 받은 버박만이 가지고 있는 특별한 기술!!!!
C.E.T(Complex Enzymatic Thiocyanite)
이중 효소 시스템!!

C.E.T 이중 효소 시스템은 3가지 기질들(포도당 산화효소, 락토페르옥시다아제, 포타슘 티오시안산염)과 결합하여 유기화합물 이온(hypothiocyanite ion: 산소가 티오시안산염 그룹과 결합할 때 체내 향균면역체계에서 발견될 수 있는 유기화합물)을 생산하고, 이 유기화합물 이온은 구강 내에서 많은 양의 산소가 발생되도록 도와줍니다.

이러한 환경은 호기성 세균들은 좋아하지만 치주질환의 원인균인 혐기성 세균의 양을 급격히 떨어뜨리게 함으로써 효과적으로 치주질환의 위험을 감소시킬 수 있습니다.

우리의 친구 스코필드

발행일 | 초판 2014년 12월 25일 발행
2쇄 2015년 8월 1일 발행
발행인 | 김재현
제 작 | KIATS
그린이 | 이한나
편 집 | 김지연, 류명균, 강은혜, 최선화
디자인 | 박송화
펴낸곳 | 한국고등신학연구원(KIATS)
등 록 | 제 300-2004-211호
주 소 | 서울시 용산구 한강로 1가 228 한준빌딩 1층
전 화 | 02-766-2019
팩 스 | 0505-116-2019
E-mail | kiats2019@gmail.com
ISBN | 978-89-93447-68-2

이 도서의 국립중앙도서관 출판예정도서목록(CIP)은 서지정보유통지원시스템 홈페이지(http://seoji.nl.go.kr)와
국가자료공동목록시스템(http://www.nl.go.kr/kolisnet)에서 이용하실 수 있습니다. (CIP제어번호 : CIP2014036912)

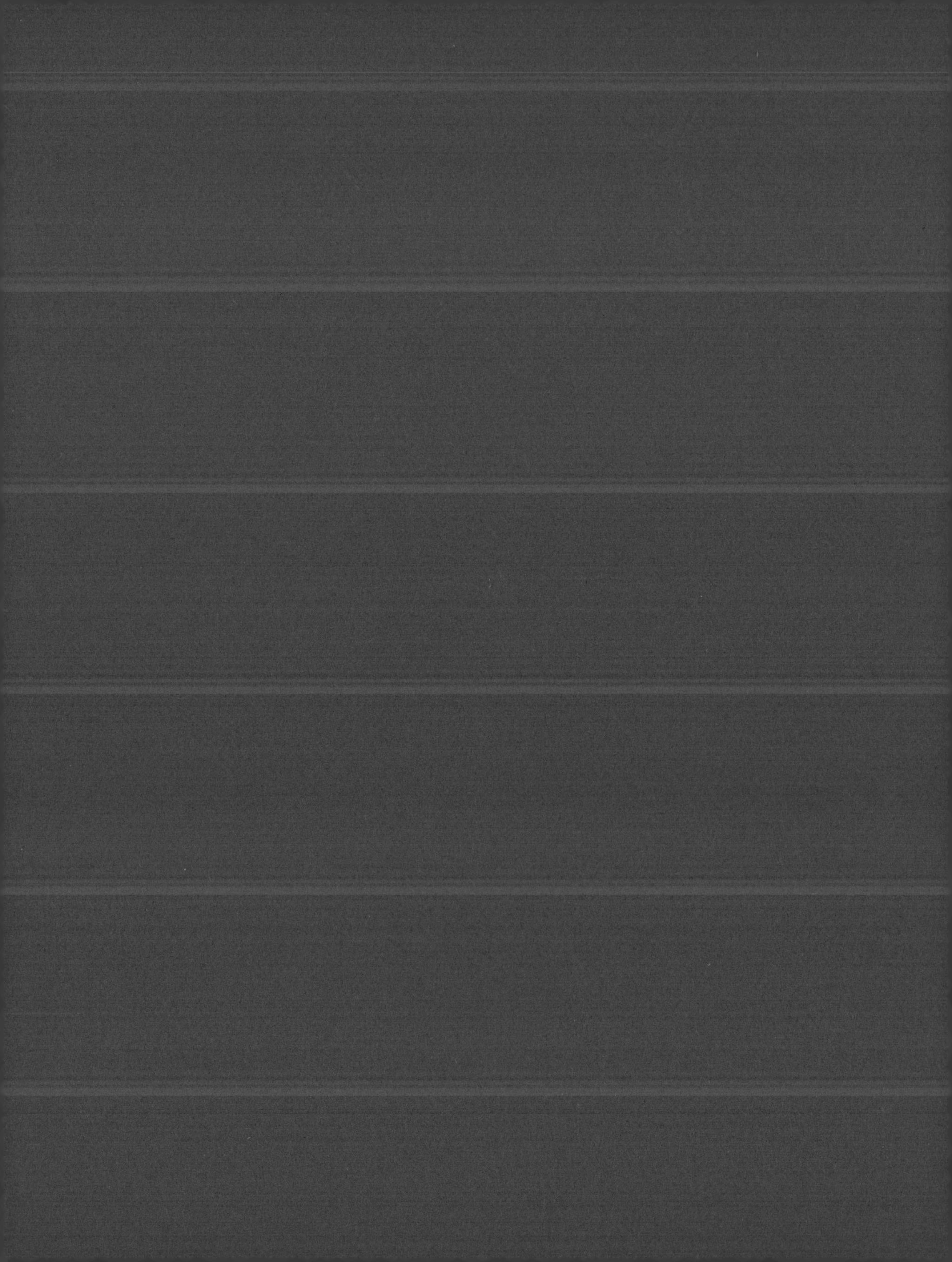